LOS NADIE

LOS NADIE

Historias de violencia en voz de los jóvenes

Ale del Castillo | **Moisés Castillo**

Prólogo de
WILBERT TORRE

Grijalbo

28.⁰⁰
02/14

Los nadie
Historias de violencia en voz de los jóvenes

Primera edición: agosto, 2013

D. R. © 2013, Ale del Castillo

D. R. © 2013, Moisés Castillo

D. R. © 2013, Wilbert Torre por el prólogo

D. R. © 2013, derechos de edición mundiales en lengua castellana:
Random House Mondadori, S. A. de C. V.
Av. Homero núm. 544, colonia Chapultepec Morales,
Delegación Miguel Hidalgo, C.P. 11570, México, D.F.

www.megustaleer.com.mx

Comentarios sobre la edición y el contenido de este libro a:
megustaleer@rhmx.com.mx

ISBN 978-607-311-721-0

Impreso en México / *Printed in Mexico*

Para Orfa Alarcón

Índice

Los nadies: los hijos de nadie, los dueños de nada.
Los nadies: los ningunos, los ninguneados, corriendo la
liebre, muriendo la vida, jodidos, rejodidos:
que no son, aunque sean.

Fragmento de "Los nadies",
de EDUARDO GALEANO

Presentación

No se escribe de tanta violencia sin esperanza...

¿Te asusta la violencia en México? ¿Has visto su semilla expandiéndose poco a poco de los individuos a la sociedad?

Sigue ahí, pero no la quieres ver. La violencia se ha mimetizado y usa los disfraces más sutiles para colarse en los espacios de los jóvenes.

Si el libro *Amar a madrazos* se convirtió en un retrato de la violencia en el noviazgo, *Los nadie* pretende ser el boceto de un mapa de la violencia que sufren los jóvenes en diferentes situaciones, lugares y temáticas.

La premisa es la misma: la violencia no discrimina. La encuentras en la mesa de la casa, en la banca de la escuela, en la silla de la oficina, en la plaza de alguna ciudad, en la impunidad que destilan los escritorios de las autoridades o en el espejo roto de la empatía por la diferencia.

Los nadie es un proyecto periodístico que se permite navegar por los diferentes espacios en los que transita la violencia, a veces en forma de bulimia, anorexia, trata de personas, discriminación, *bullying, mobbing,* aborto, *ninis* o desplazados por la guerra contra el narcotráfico.

Es imposible abordar la infinidad de problemas que un joven enfrenta en esta etapa de su vida, por lo que en la presente publicación se tocan preocupaciones que mediáticamente llaman más la atención, como el *bullying,* hasta fenómenos violentos que tienen el comportamiento expansivo de un monstruo tan poderoso como una hidra. En el presente libro no se busca limitar o encasillar las dificultades de este sector de la sociedad, sino comprender su aquí y ahora.

La violencia avanza y tiene diferentes formas de nombrarse. A veces no se habla de ella porque causa vergüenza, porque se ha aceptado como parte de la normalidad, porque se valida detrás del chiste, porque los medios de comunicación la legitiman desde la ambigüedad de sus mensajes o porque la violencia da miedo y silencia.

México es un país poco acostumbrado al diálogo. Hablar de estos temas va reconstruyendo espacios en la sociedad desde la comunicación que promueve informarse, protegerse y trabajar por resanar el tejido social.

Esta labor no ha sido fácil. Las instituciones en algunos casos se mantuvieron aisladas y obstaculizaron este trabajo periodístico que se propuso poner al alcance de la sociedad información pública que, a veces, fue negada por "protección" a las víctimas, o simplemente las mismas instituciones se negaron a visibilizar un problema que nos atañe en el cuidado de nuestros jóvenes.

Tal fue el caso del programa "Escuela sin violencia", que impulsa el gobierno del Distrito Federal, cuando nos fue negado acercarnos de manera personal a conocer su funcionamiento, logros, experiencias e historias. Compartir no es un objetivo de la burocracia; generar crecimiento y experiencia social desde la confianza tampoco lo es. Asimismo, la Procuraduría capitalina puso muchos obstáculos para abordar de frente temas como delitos cibernéticos y sexuales. De toda la información que pudieron compartir con nosotros se limitaron a enviarnos tres documentos fríos y fragmentados.

Sin embargo, en la ruta de investigación encontramos a personas que participan en organizaciones, instituciones públicas o privadas, dispuestas a generar un proceso de experiencia compartida, de aventurarse a hablar de temas álgidos y dolorosos para que los demás aprendamos de ellos.

Por ejemplo, GIRE (Grupo de Información en Reproducción Elegida) nos llevó al Estado de México para conocer algunas historias sobre el aborto; ABC de los TCA (un centro de tratamiento de los trastornos de la conducta alimentaria) dialogó con nosotros, supervisó y seleccionó con cuidado la historia sobre desórdenes alimenticios; el sistema penitenciario del DF nos dio a conocer el concepto de justicia que viven los menores infractores desde las comunidades de tratamiento.

Los nadie es un ejercicio periodístico que propone abordar la violencia desde 29 historias con diferentes temas a través de personajes que desde su testimonio revelan y comparten experiencias de vida en torno a la violencia. Ella los cambia, nunca los deja intactos. Estos testimonios están agrupados según los distintos tipos de agresiones. Cada uno de ellos cierra con estadísticas y con el comentario de algún especialista al respecto. Sin embargo, las historias que están en "Desplazados por narcotráfico", "Ninis", "*Mobbing* o acoso laboral", "Cibernético", "Aborto" y "Trata de personas", son abordadas temáticamente, por lo que esos datos estadísticos, así como las opiniones de los especialistas, cierran el tema y no las historias.

Ejercer un periodismo responsable significa contar historias desde el respeto, sin juicios inquisidores o prejuicios primitivos. Comunicar es nuestro compromiso, dialogar desde la comprensión es el reto del contenido de las siguientes páginas, desde las cuales deseamos abrir camino de la lectura al ejercicio crítico. Los protagonistas de estas 29 historias son personas que han aceptado compartir su pasado y sus procesos de aprendizaje de vida.

Estamos frente a testimonios reales, sin lugar a la ficción. Testimonios que lastiman la realidad con un dolor visible que a veces se esconde y se acepta. Cuando los personajes escapan o se resisten a sucumbir, cuando abren caminos y generan alternativas se presenta un punto de inflexión que alivia y sana su presente. Quizá ninguna historia de violencia esté destinada al desastre, siempre se tiene la opción de sobrevivirla o transformar la vida cotidiana y aspirar a un entorno social más respirable.

Las historias se acompañan por conceptos, datos oficiales estadísticos y aportaciones de especialistas que nos ayudarán a comprender y profundizar en las diversas problemáticas juveniles, ya sea por historia o por un grupo de historias que tocan el mismo tema.

Prólogo

La primera vez que Ale del Castillo y Moisés Castillo hicieron dupla nos entregaron *Amar a madrazos*, su libro iniciático, una compilación de 19 relatos cuyo principal valor ha sido conectar a los lectores con la realidad inquietante, cotidiana y distante de la violencia de género entre jóvenes; historias que suelen ocurrir en la intimidad, ese territorio de privacidad en el que la vida de una familia transcurre bajo resguardo y que con frecuencia puede mutar en una cueva sórdida en la que se golpea, se hiere con la palabra o se maquinan chantajes y mentiras que pueden llegar a ser destructivas (como las mentiras que Ana inventaba sobre Diego y que después contaba a sus compañeros de escuela como quien comparte una noticia linda).

Esta vez el tándem de los Castillo regresa con *Los nadie*, un libro que traspasa las fronteras de la violencia de género para abordar, sin amarillismo ni excesos —con un cuidado casi quirúrgico y un respeto ejemplar por los personajes que uno echa de menos en algunos diarios, revistas y televisoras— el problema de la violencia que ocurre dentro de un cuerpo, una vida joven abandonada al azar o aislada en una casa, en silencio; un luminoso salón de clases donde los niños y los adolescentes pierden la inocencia, aprenden a comportarse con la maldad de un tirano y comienzan a formarse como maridos y padres golpeadores, madres y esposas

17

abusivas y proclives a humillar y ser humilladas, y unos hijos que crecerán y tal vez serán uno de esos esposos o compañeros maltratadores, o esos jefes sin escrúpulos habituados a ordenar con los gritos, las humillaciones y los tratos violentos aprendidos años atrás, en familia, en la escuela, con los amigos, en esos espacios que uno supone que sirven para construir sueños y vidas, no para destruirlas.

Todo eso ocurre en familias rotas por la pobreza y la marginación, y también en otras que habitan casas pintadas con pulcritud, con jardines recortados, perros como esculpidos y parejas que sonríen al cruzar el umbral de la puerta. Y todo esto ocurre en la cara de una sociedad hipócrita e indiferente, que mira pero se desentiende o acepta como normales ciertas conductas que en el tiempo van erosionando una vida, diez vidas, mil vidas, millones de vidas, como una diminuta pelota de nieve gira y crece en una colina hasta formar una masa gigante, peligrosa y devastadora.

Éste es un libro urgente en nuestra aldea llamada mundo, un mundo cada vez más interconectado en el que los puentes de la tecnología unen y al mismo tiempo forman océanos de distancia entre las personas, entre los amigos, entre padres e hijos, como en la historia de Lucía que los Castillo nos cuentan, una historia de niñas atormentadas por los súbitos cambios de vida —la adolescencia, el primer sangrado, los cambios hormonales, los cuerpos que duelen y se expanden— que se aíslan de sus padres para refugiarse en la soledad destructiva de sus computadoras y navegar por sitios lúgubres donde aprenden a escribir "Yo amo a Mía" y a vaciarse los estómagos y la vida en estertores de anorexia.

Los nadie es un libro que niños, adolescentes, padres y madres deberían leer. En los últimos años México ha estado inmerso en un río de sangre producido por el narcotráfico y una errática estrategia de Estado para enfrentarlo. Nos hemos acostumbrado a ver en la televisión y en los diarios escenas y fotografías atroces de personas colgadas en puentes, cuerpos despedazados, cuerpos mutilados. Y en medio de la desazón que todo ello provoca, parecemos haber perdido la capacidad de mirar y comprender historias más íntimas que suceden en nuestras casas, en las escuelas a las que asisten nuestros hijos, en las calles por las que caminamos. Éstas son historias de violencia cotidiana —niños que molestan y golpean a otros niños, padres que violentan a sus hijos, novios que prostituyen a sus novias— pero también son historias de ignorancia y abandono. Padres, maestros, vecinos, un Estado y una sociedad que abandonan a sus hijos más jóvenes, los más indefensos.

Mateo perdió un ojo cuando lo atacó el cáncer siendo muy pequeño. Después de una operación se animó a salir a las calles terrosas, para encontrarse con niños que le daban la espalda porque los padres de los vecinos les prohibían jugar con él porque pensaban que podía contagiarlos. Años después sus compañeros de la escuela primaria le llamaban *tuerto* y lo comparaban con un burro al que le faltaba un ojo. Le pegaban y le rompían sus cosas, motivados por un enigma que no entendían pero que debían resolver a golpes: ¿cómo era posible que el tuerto lograra mejores calificaciones? Mateo no denunció los maltratos para no preocupar a sus padres, y creció sin ningún tipo de ayuda que le hiciera posible entender y enfrentar su circunstancia. A José, que fumaba mariguana siendo un niño, sus padres lo corrieron de la casa. Lo abandonó su familia y ninguna institución del Estado estuvo presente para ayudarle a resolver un problema de salud. A Iván, nos relata Moisés, su madre y sus hermanas lo encontraron como un títere frágil, ahorcado en la azotea de su casa. En la escuela, tres niños lo golpeaban y lo molestaban. Nadie dijo nada. No dijeron nada sus compañeros. No dijeron nada sus maestros. ¿Nadie se enteró o a nadie le importó que unos niños se ensañaran con otro niño?

Decir que estas historias de violencia cotidiana tienen un origen en las condiciones de pobreza que persisten en el país sería incurrir en un desafortunado estereotipo. Pero la mayoría es consecuencia de una cadena infausta de circunstancias acumuladas durante décadas: familias pobres habitadas por abuelos y padres que asistieron a la escuela pero la abandonaron, o que nunca pisaron un aula porque desde muy jóvenes tuvieron que trabajar. Hombres y mujeres que crecieron en espacios llenos de tensión porque sus madres y padres no tenían un empleo y en casa había poco o nada, porque el Estado ha fallado en la tarea esencial de facilitar a sus ciudadanos oportunidades para vivir. Si carecían de lo más elemental, ¿cómo aprenderían a entender y respetar a otras personas porque eran diferentes? ¿Cómo entender y respetar a un tuerto? ¿Por qué una familia marginada y hundida en la falta de posibilidades iba a saber entender y ayudar a un hijo que fumaba mariguana? ¿Cuántos Jaimes, otro de los antipersonajes de este libro, están encerrados en prisión bajo acusaciones no probadas? ¿Qué aprende un casi niño en prisión? Para responder esta pregunta, Ale nos entrega la historia "Supernova", un relato hondo y repleto de detalles sobre la vida criminal en las correccionales.

En *Los nadie* hay también historias sobre el México tempestuoso de estos días. Los Castillo nos llevan a conocer vecindarios de la ciudad de México donde no hay parques, centros culturales ni espacios deportivos, y el barrio es una máquina que devora jóvenes que robustecen las filas de las pandillas y el narcomenudeo. Y también nos muestran algunas estampas de jóvenes sumidos en la desesperación y el pánico en Monterrey, donde las oportunidades menguan y el reino del narcotráfico parece abarcarlo todo.

El trabajo de Ale del Castillo y Moisés Castillo confirma que los detalles —las historias— en apariencia insignificantes pueden ayudar a entender la fotografía completa que tenemos enfrente y somos incapaces de interpretar. La violencia no sólo es una ráfaga de metralleta, un cuerpo decapitado o colgando de un puente como un despojo. Detrás de ella se esconden razones más profundas que el crimen organizado y el narcotráfico, razones que en el vértigo de los últimos años no hemos explorado con suficiencia.

La violencia, nos muestran estos dos jóvenes escritores, parte del sitio más íntimo, la familia, nuestra casa, en donde con extraordinaria frecuencia rondan los fantasmas que nos aterrarán al día siguiente.

WILBERT TORRE,
periodista y escritor

TRASTORNOS ALIMENTICIOS

Lo tenía que sacar

Por Ale del Castillo

Lucía conoció la violencia en casa. A su padre no le importaba lo que ella pensara o sintiera, de todas maneras nunca tenía razón. Si se equivocaba, venía un golpe; si opinaba sobre algo y no le parecía a su progenitor, seguro merecería algo más.

—¡Lucía, saca al perro a pasear! —le ordenó su papá desde la cama.

—Ahora no, estoy cansada —contestó.

Cuando menos lo esperaba, el hombre se levantó de la cama y se dirigió hacia ella. Primero la cacheteó, luego la pateó, la tomó por el cabello y la arrastró por toda la casa.

Cualquier cosa, por mínima que fuera, representaba una motivación para golpearla.

La relación entre sus progenitores también era violenta: el padre siempre minimizaba a la madre, cometía agresiones verbales y humillaciones. Nunca hubo golpes frente a Lucía y su hermano, pero la mamá amanecía vestida de moretones, que siempre atribuía al contacto accidental con algún mueble.

Su madre era una mujer sumisa que nunca estuvo ahí para Lucía, mucho menos para defenderla; su relación no era la mejor, entre otras cosas, porque la mamá no medía lo violentas que pueden ser las palabras. En Lucía todavía retumban frases como "no te ves bien", "no salgas con nadie" o "¿para qué tienes amigos?", las cua-

25

les proyectaban la incapacidad de su madre para crecer, y también para mantenerla a ella empequeñecida.

Si cometía un error, la reprimenda era instantánea: "¡Eres una tonta, no sabes hacer nada!"… Lucía creció con esa idea y llegó a creerlo. "Si soy una tonta, si no sirvo para nada, ¿para qué estoy aquí?" Aquellas palabras calaban "muy adentro".

Cuando su padre regresaba del trabajo, de nuevo comenzaban los problemas: "Tu hija se portó mal y peleó con su hermano". Entonces el hombre arremetía contra sus dos vástagos y los tundía a nalgadas.

Esos golpes flagelaron a Lucía, y su temor crecía con la posibilidad de cometer más errores. No falta el recuerdo de las matemáticas y la dificultad comprender las fracciones, que al no entenderlas Lucía, se convertían en cachetadas que alguna vez la hicieron sangrar o propiciaron que se orinara por el miedo. Su padre, pensaba que aquella era la mejor manera de educar.

Había una promesa que la llenaba de esperanza: cuando crecieran ella y su hermano, su padre ya no les pegaría más. Pero eso no sucedió.

Su hermano aprendió bien la lección: en la calle —donde él y Lucía salían a jugar—, sin ninguna justificación o razón aparente, se lanzaba a golpes sobre ella, frente a los amigos de la cuadra. Cuando jugaban bote pateado o escondidillas, súbitamente le jalaba el cabello y la tendía en el piso para agredirla y patearla. Lucía se sentía impotente, indefensa… no sabía cómo pedirle que parara.

Los amiguitos del barrio seguían el ejemplo: si jugaban futbol, pasaban junto a ella y le daban una nalgada; algunas veces se le acercaban y la besaban de manera abrupta. Lucía no sabía cómo escapar, se sentía desolada y no tenía a quién contarle lo mal que la pasaba. Su misma soledad la orillaba a permitir que la trataran así. La violencia en su casa, con sus padres, en la calle y en los juegos la dejaban sin escapatoria. No tenía refugio.

Para Lucía todo eso parecía normal: si en su casa lo hacían, "¿por qué afuera no?", y con esa idea de la vida creció.

A los 11 años todavía era una niña y comenzaba a desarrollarse. Su cuerpo empezaba a tornearse, su periodo menstrual estaba por llegar, los pechos le dolían y mientras eso sucedía pensaba que subía de peso.

Un día, entre juegos, una de sus vecinas le mostró una página de internet cuya música le provocó miedo. El sitio era de *Ana y Mía* y emitía una melodía "medio diabólica, como de muerte", recuerda Lucía. Ella no leyó nada del contenido, recuerda haberse espantado y luego cerrar la página. El juego se convirtió en pesadilla.

De aquella tarde Lucía se llevó la tonada en la cabeza y soñó con ella. El sitio web la intrigó y volvió a él para averiguar qué más había. Leyó con detenimiento todos los pormenores y se enganchó. Siguió buscando páginas y así llegó también a los foros.

Cuando menos lo notó, ya estaba haciendo todo lo que se indicaba en aquellas páginas de internet. Cada vez, las instrucciones se hicieron más normales mientras ella descubría que otras compañeras de la escuela también lo hacían. Pensaba: "Pues es algo normal".

La información consultada hacía que todo pareciera muy sencillo, no había oportunidad de dilucidar que con esas prácticas no te importaba tu vida; la lógica era que si otras niñas sufrían lo mismo y no les había pasado nada, "¿entonces por qué yo no voy a seguir con ese jueguito?", reflexionaba entonces Lucía.

Poco a poco comenzó a descubrir otras chicas como ella. Pequeñas preguntas le daban la clave: "¿Eso te vas a comer?", y así descubría que eran varias en las filas de la anorexia. También se daba cuenta que varias de sus compañeras comían y luego iban al baño a provocarse el vómito.

La vecina de Lucía padece anorexia, pero no lo acepta. Lo visible para Lucía era la obsesión con los tés y las pastillas.

Ella se sentía bien. Percibía los afilados huesos de sus caderas y pensaba: "Súper bien, es normal". Sufría hambre y el estómago le exigía a gritos alimento, pero ella prefería castigarse y pelear consigo misma.

Cuando sentía hambre recurría a las páginas de *Ana y Mía*, y así mantenía su esfuerzo por no comer. Volvía a las imágenes que había guardadas en su ordenador, imágenes que las mismas páginas de *Ana y Mía* sugerían para mirar y así encontraba paz con el recordatorio constante: si eres gorda eres una fracasada, si eres gorda eres una ballena a la que nadie va a querer, si eres gorda nunca tendrás novio, si eres gorda nunca vas a ser feliz... Si eso no era suficiente, llamaba a alguna de sus amigas con anorexia, ella planteaba la situación y obtenía una respuesta: "No comas. Y pues ya".

Mientras tanto, en la escuela recibía halagos como: "¡Qué bonita te ves!", entonces consideraba: "Lo estoy haciendo bien, aunque sea en algo en mi vida no estoy fallando".

A los 13 años su relación con la anorexia se agudizó, tiraba la comida y su papá la descubrió. La llevó a pesarse y la báscula marcó 47 kilogramos con 1.54 metros de altura. Primero la golpeó y luego la condenó. "Vas a comer bien", le dijo su padre y comenzó a llenarla "de comida chatarra, como tacos y así".

Lucía "no soportaría subir de peso", no en ese momento, así que pensó: "Órale, me voy a comer todo lo que tú quieras; tú no te vas a dar cuenta y voy a ir a vomitar todo, porque... ¿por qué me lo voy a tragar?" Así empezó con la bulimia. "Ahora tengo que hacer que como súper bien y voy y lo vomito", pensó como solución.

A los 14 años entró al tercer grado de secundaria. Lucía era muy callada pero algo la animó a acercarse a otras chicas; las escuchaba hablar de *Ana y Mía*, y en sus cuadernos escribían: "Mía, te amo".

Miraba sus manos y en sus muñecas descubría pulseras moradas y rojas, tal como lo decían las páginas de internet cuando daban tips para identificar a otras chicas con un trastorno como la bulimia y la anorexia.

Entonces se acercaba a ellas y les solicitaba: "¿Cómo le hacen? Pásenme tips". Y así toda información era compartida. Nadie asumía que tenía anorexia o bulimia, pero podían verbalizar cosas como: "Yo me llamo Ana" o "Yo soy Mía".

Después de decir alguna vez: "Yo amo a Mía", Lucía ahora reflexiona: "¿Yo amo la enfermedad? ¿Yo amo la bulimia? ¿Soy eso? ¿Soy la enfermedad?" Y esos cuestionamientos los responde ella misma: "Creo que eso me hacía sentir como poderosa, decir que tenía una enfermedad aunque no era la realidad".

En ese entonces ellas poseían algo en común y se hicieron amigas; esperaban la hora del receso y decían: "Pues ahora sí nos acabamos todo", comían hasta reventar y luego corrían al baño todas juntas.

La sensación de tener algo en el estómago la hacía sentir pesada, y pensaba: "¡No quiero, me vale madres lo que pase, yo quiero ir a vomitar y me vale!"

Al principio sentía pena, cuidaba que nadie la viera o la descubriera y la dinámica era silente y oculta, pero al contar con el refugio y el apoyo de tres de sus amigas, alentar el vómito parecía mucho más seguro. Era considerar: "¡Vamos, vamos, nos urge hacerlo ya, lo tenemos que hacer!"

Entonces una de ellas comenzaba a vomitar, Lucía la escuchaba y se permitía seguir con el ritual. En ese momento ninguna de ellas lo veía "tan mal", lo veían como "algo normal, algo que hacen las personas".

En casa no resultaba diferente: terminando de comer, Lucía corría a su habitación, ponía música a un volumen alto y comenzaba a vomitar. Su hermano ya la había descubierto y entonces tocaba la puerta del baño: "¡Ya apúrate, apúrate!" Pero a Lucía poco le inquietaba; pensaba: "No me importa que te des cuenta, que vayas y le digas a mi papá". Pero en su interior sabía que gritaba por ayuda, que necesitaba que alguien la rescatara.

Vomitar se convirtió en una obsesión. Lucía no quería salir de casa y cuando había oportunidad de ir de vacaciones ella se negaba. "Para mí era la muerte irme a otro lugar porque yo decía: '¿Dónde voy a vomitar?' Yo nada más planeaba eso. Ni siquiera decía: 'Voy a irme, voy a disfrutar', yo estaba pensando en la maldita enfermedad. 'No quiero ir, ¿en dónde voy a vomitar si salgo? ¿Y si estoy en la playa?'... Todo el día era pensar eso, ¿qué pretexto iba a poner?" Entonces se sentía frustrada y lloraba, no deseaba ir a ningún lado.

Su papá argumentaba que otras familias querrían salir de vacaciones, pero ella se mantenía firme: "'No me importa, yo me quiero quedar aquí en la casa'. Siempre era un infierno salir a otro lugar".

—¿Por qué lo haces? —preguntó su madre el día que la descubrió.

—¡Porque tú también lo haces! —le gritó y la dejó sin argumentos.

Lucía conocía desde tiempo atrás que su madre también padecía bulimia. Aquella tarde que la confrontó, aprovechó para negarlo y le dijo que ya no lo hacía, pero Lucía sabía que no era cierto. Esperaba a que su mamá terminara de comer y cuando se levantaba de la mesa, la seguía hasta el baño para espiarla, atenta escuchaba detrás de la puerta, sabía que su madre se provocaba el vómito y que le mentía; entonces pensaba: "¿Por qué si ella lo hace, yo no lo voy a hacer?" Y como ambas conocían su secreto, comenzaron a cubrirse.

—Distrae a mi papá en lo que yo entro y vomito, luego yo lo distraigo en lo que entras y vomitas —le pedía Lucía a su madre.

Ninguna de las dos sabía del daño que se hacían.

Cuando comían, lo hacían hasta sentir la comida en la garganta. Lucía ahora sabe que habla de comida, pero en ese momento sentía que "estaba atascada de problemas y de alguna forma los tenía que sacar. Vomitar era sacarlo, porque yo no hablaba, no externaba lo que sentía, entonces era fácil tragarme lo de todos, tragarme la violencia, tragarme las humillaciones y después irlo a vomitar".

Luego reflexiona: "En sí no es tanto la comida, es que te estás tragando todo eso. De alguna forma tu cuerpo no lo asimila, ¿por qué va a digerir algo que no es problema tuyo?, ya tienes suficientes problemas para además cargar con los de tu mamá, tu papá, los de tu familia. Es algo que no puedes traerlo en el cuerpo y de alguna manera tienes que sacarlo; piensas que vomitando es la mejor opción".

Pero el alivio de vomitar no era suficiente y Lucía comenzó a cortarse: "Cuando me sentía triste, cuando me sentía sola, me cortaba. Sentía que nada importaba". Entonces pensaba: "Me quiero morir. Ojalá de verdad me corte, y se me corten las venas y me quede aquí muerta".

Hubo un tiempo en que sintió que su vida "era una porquería, pero no me daba cuenta de que había otras cosas, hasta que empecé a vomitar mucho, mucho, mucho y ya no era normal, ya no hacía otra cosa más que eso, ya no era vida, no quería salir por sólo comer y vomitar, me encerré en mi enfermedad".

Si Lucía peleaba con su mamá, se cortaba; si su papá le decía algo, también. Utilizaba el material y las herramientas del taller de estructuras metálicas que le pedían en la escuela. A veces era una navaja, otras, lo que encontrara. Lucía se lastimaba las muñecas, aunque sus heridas no eran profundas ni perseguían fines suicidas.

Practicar el *cutting* produce en los jóvenes una sensación de alivio. Lucía cubría sus heridas con infinidad de pulseras multicolores. "Tú usas un buen de pulseras, ¡qué padre!", le decían, "pero no sabían que atrás de eso, estaban todas mis cortadas".

Una noche, Lucía se quitó las pulseras porque le lastimaban y ya no le gustaban tanto; a la mañana siguiente, su padre entró a despertarla. Ella, como reflejo natural, estiró los brazos y dejó las heridas a la vista.

Sin decirle nada, el hombre la tundió a golpes.

"¡Si te quieres matar, yo te mato!", le dijo su progenitor. La levantó violentamente y la aventó de su habitación hasta el cuarto de baño. La cabeza de Lucía se impactó sobre el inodoro y lo rompió. Luego la arrastró por toda la casa y comenzó a patearla. También la cacheteó. Lucía no entendía por qué y no alcanzaba a ver la magnitud de los golpes.

El hermano de Lucía se acercó a su papá y le dijo: "Mi hermana se va a morir si no se hace algo". El padre de ambos prefirió taparse los oídos y los ojos, eligió no saber, el peso de la situación era demasiado grande para soportarlo.

Durante algún tiempo él mantuvo también el secreto y fingía que no pasaba nada, que no era tan peligroso, hasta que Elisa, una de sus ahijadas, comenzó a contarle que tenía bulimia.

Le habló del trastorno. Le dijo lo que ella hacía y sufría. Le confesó todo y entonces miró cada una de las actitudes de Elisa en Lucía. Elisa también era voluble y tenía cambios abruptos de humor; por cualquier cosa gritaba, se enojaba de todo, no quería salir de casa... entonces recapacitó.

Una noche completa, el padre de Lucía permaneció investigando en la computadora. Revisó todos los archivos, no durmió, y al día siguiente habló con su esposa, le pidió que buscara una clínica para Lucía, le dijo que a él no le importaba perder dinero con tal de que su hija no muriera. No la quería muerta.

La mamá comenzó a buscar lugares especializados y fue así como Lucía llegó a la clínica ACB de los TCA.

Lucía lleva casi un año de tratamiento, es una chica que sonríe y sus ojos siempre están llenos de luz; tiene esperanza.

Ahora comprende que una persona no vale por lo que pesa, sino por lo que es. Ya no se induce el vómito y disfruta lo que come. Conoce lo complejo y lo inmenso de su enfermedad, sabe que la anorexia y la bulimia son un camino asegurado a la muerte y que aunque la gente no lo ve así, e incluso lo puede considerar normal, es una muerte lenta.

Ahora sigue de manera ordenada un plan alimenticio con el apoyo de una nutrióloga y sabe que puede comer lo que quiera en sus porciones determinadas, no se niega nada, ni se castiga. Ahora también disfruta las salidas.

No tiene resentimientos, ha aprendido a perdonar a su padre porque a pesar de que comenzó con su enfermedad por la forma en la que él la violentaba, la llevó a la clínica y la salvó; eso le dio esa esperanza. Su mamá también acude a la clínica y está en tratamiento.

Su nueva vida le ha permitido descubrir cosas nuevas, ahora tiene muchas razones para vivir y muchos planes. La violencia se ha acabado en casa.

Vive tranquila. Sabe quién es y qué quiere. También sabe que es una mujer que se puede defender y que se tiene a ella misma para hacerlo.

Antes sólo veía un color en su vida, ahora tiene 20 años y mira la vida de muchos colores.

▶ *Los trastornos de la conducta alimentaria* son alteraciones psicológicas que se manifiestan principalmente a través de la forma de comer, cuyo origen se debe a circunstancias como la insatisfacción física, el temor a subir de peso, la depresión, la baja autoestima, los problemas familiares o algunos rasgos de personalidad. Son trastornos que afectan el bienestar psicológico y físico de quien los padece.[1]

▶ El *Manual de diagnóstico y estadístico de los trastornos mentales* establece los siguientes tipos de trastorno:

- Anorexia nerviosa
- Bulimia nerviosa
- Trastornos de la conducta alimentaria no especificados
- Trastornos por atracón

El diagnóstico debe ser realizado por un profesional de la salud capacitado (psicólogo, psiquiatra, médico), ya que se requiere una entrevista diagnóstica y no sólo de la suma de síntomas.

▶ Los criterios para hacer el diagnóstico de la anorexia nerviosa son:

- Rechazo a mantener el peso corporal igual o por encima del valor mínimo normal, considerando la edad y la talla.
- Miedo intenso a ganar peso o a convertirse en obeso, incluso estando por debajo del peso normal.
- Alteración de la percepción del peso o de la silueta corporal, exageración de su importancia o negación del peligro que representa el peso corporal.

---

[1] Instituto Nacional de Ciencias Médicas y Nutrición Salvador Zubirán, www.innsz.mx.

– En las mujeres pospuberales, presencia de amenorrea (ausencia de al menos tres ciclos menstruales consecutivos).

● La Organización Mundial de la Salud (OMS) estima que en el planeta al menos 1% de los adolescentes y adultos jóvenes sufre anorexia y otro 4.1% de bulimia.

● La anorexia y la bulimia nerviosa son consideradas como problemas de salud pública.[2]

● En México aproximadamente 2000000 de personas padecen trastornos alimenticios, de las cuales cerca del 90% son mujeres; la edad promedio en la que presentan síntomas es a los 17 años, con un incremento anual de 20000 nuevos caso de anorexia.[3]

▶ *Cutting, risuka* o *self injury* consiste en cortarse la piel con un objeto afilado con el fin de sufrir físicamente para aliviar un dolor mental como depresión, ansiedad, soledad o estrés. Significa autolesionarse para mitigar un golpe emocional.

✔ No es una relación unicausal que sólo la violencia pueda causar un trastorno de la conducta alimentaria (TCA). La relación que tienen ambos conflictos, la violencia y los trastornos alimenticios, se debe a la experiencia de sufrir violencia de una forma constante y que de algún modo la persona se acostumbre a vivir con el dolor. La bulimia es un modo de sufrimiento pero, en este caso, autoinfligido por la fantasía de controlar la violencia del otro y por la falla de realidad de autoviolentarse creyendo violentar al otro.

DOCTORA JULIETA VÉLEZ BELMONTE,
directora del área clínica, ABC de los TCA

---

[2] Secretaría de Salud del Distrito Federal, www.salud.df.gob.mx.
[3] *Idem.*

**¿Crees que se pueda convertir en una enfermedad
la necesidad de querer verte más delgado?**

❑ De ninguna manera, yo sólo quiero verme bien.
❑ A veces, cuando creo que se convierte en una obsesión.
❑ Yo sólo quiero ser aceptado y tener amigos.

Visita:
Instituto Nacional de Ciencias Médicas y Nutrición Salvador Zubirán
http://www.innsz.mx/descargas/trastornos.swf

Fundación UNAM
http://www.fundacionunam.org.mx/blog/salud/la-adiccion-por-
la-delgadez.html

Maldito gordo

Por Ale del Castillo

Daniel quería tener novia. Compró una tableta de chocolate y detrás escribió: "¿Quieres ser mi novia?" La dejó cuidadosamente sobre la banca de Nancy. Cuando ella descubrió quién era el dueño de la invitación, miró a Daniel y le dijo:

—No me interesas, me das asco.

Tomó la tableta de chocolate, la rompió y luego la arrojó a la basura.

Al volver a casa después de la escuela, Daniel eligió el camino donde las calles vacías le permitirían llorar sin que lo descubrieran. Evitaría llegar a su hogar con ojos lacrimosos para no escuchar reproches como: "puto", "marica" o "ya está llorando".

Descubrió su problema de obesidad cuando iba en quinto de primaria. Su apariencia era responsable de las burlas de todos. Lo hacían sentir menos y su autoestima disminuía; cada kilo extra en su cuerpo lo castigaba.

Era un niño feliz como todos, pensaba que poseía los mismos derechos en la vida y en los juegos, hasta que la discriminación y los insultos irrumpieron en su historia.

"Tú, porque estás gordo, ¡vete a la chingada!" La indiferencia de las niñas lo mataba poco a poco y su único refugio era convivir con los varones; sentía que jugando bruscamente se desahogaba un poco.

Se miraba al espejo y veía un niño "gordito". Aún no entendía lo que sucedía pero se preguntaba: "¿Qué es tan defectuoso en mí que yo no lo veo?" En ese momento sólo había confusión. La confusión se hizo normalidad y así pasó el tiempo.

A sus 11 años pesaba 90 kilos. Comía por ansiedad. Cuando lo hacía, todas las ideas desaparecían de su mente y atracarse constituía su único desahogo.

Lo que más deseaba a esa edad era la amistad de las niñas, porque veía que sus amigos y compañeros podían hablar con ellas, pero con él nunca, sólo había rechazo y la condena: "Maldito gordo, siempre era maldito gordo".

Entre todas las niñas del salón estaba una que le gustaba; quería acercarse aunque sólo fuera para conocer su nombre. Cuando finalmente lo intentó, ella le dijo de manera tajante: "¿Sabes qué?, no te me acerques… me das asco porque estás gordo".

Todas las preguntas posibles pasaban por su cabeza: "¿Por qué?, si no le hice nada", "¿Por qué?, si no he sido grosero…"

Al final su respuesta era la misma: "Es mi culpa por ser así".

De sus compañeros varones tampoco se salvaba. "Pinche gordo, estás bien culero, nadie te va a hacer caso", le decían una y otra vez. Daniel guardaba silencio porque sabía que ése era su punto débil; prefería no pensar en nada y esperaba desahogarse entre los juegos más bruscos donde golpeaba a los que se dejaban.

En el juego parecía que todo era recíproco: "él me está pegando, pero yo también le estoy pegando"; esa compensación le permitía sentir alivio porque consideraba que no estaba siendo abusivo. Al final, sólo era un juego.

En la escuela, la clase de deportes era su peor martirio, la odiaba. Sufría porque con la actividad física se sofocaba fácilmente. Sufría todavía más por la vergüenza que experimentaba al correr y percibir la mirada crítica de las niñas sobre su cuerpo pesado.

La maestra no le aligeraba las cosas. Mientras sus compañeros comenzaban las actividades, Daniel seguía corriendo aislado frente a todos o sucedía algo peor: lo ponían a competir con las niñas.

Cuando tocaba conformar equipos, debía esperar a que no hubiera otra alternativa más que elegirlo. Daniel sabía que no era bueno en el deporte, pero pensaba que aquella situación no justificaba que lo discriminaran siempre.

Por el contrario, pensaba que si tenía suerte y lo elegían, podría pertenecer al equipo en el que estaban los niños que recibían más atención o los más populares, y eso le permitiría acercarse a las niñas. Pero tampoco sucedió.

Daniel ignoraba que podía subir aún más de peso. En la secundaria llegó a pesar hasta 94 kilos. Las galletas eran, y todavía son, su debilidad.

La secundaria fue una etapa que jamás podrá olvidar. El maltrato que hasta entonces sólo fue psicológico, ahora también se tornaba físico.

"Tú, porque eres pendejo y gordo", y entonces se dejaban venir cinco a golpes contra Daniel. Podía defenderse contra uno, pero sabía que perdería cuando los demás también comenzaran a golpearlo.

El coraje en Daniel crecía, también el agotamiento de la situación. Había días en que cuando llegaba el momento de levantarse para ir a la escuela, prefería fingir que estaba dormido y después de las 7:30 "despertaba" cuando irremediablemente sería imposible acudir a clases. Como castigo, Daniel se quedaba en casa haciendo el aseo, y a cambio tendría un día tranquilo. No obstante, las cosas no mejoraban.

Las invitaciones a fiestas sólo le eran extensivas cuando convocaban a todos. Cuando intentaba bailar con alguna chica, todas lo ignoraban. Y cuando menos lo esperaba sus compañeros le caían a zapes; así, Daniel prefería retirarse.

La hostilidad en la escuela se tornó en rutina: siempre había zapes, chicles pegados en su banca o en el cabello, encontraba sus cosas en el cesto de la basura, le escondían la mochila y la ponían en algún lugar en el que Daniel no pudiera alcanzarla.

Daniel volvía a casa y no decía nada. Se recostaba sobre su cama y pensaba: "¿Qué es lo que tengo que hacer para cambiar esto?" Se sentía muy deprimido y profundamente solo; sabía que se estaba perdiendo de muchas cosas en su vida.

La única persona que se acercó a él fue Miguel, a quien hasta hoy considera como un hermano. Se conocieron durante el primer grado de secundaria, cuando Daniel dejó unos carritos en su banca para ir al escritorio de la maestra a que le calificaran una tarea. Al volver, encontró a Miguel jugando con sus vehículos de juguete y se molestó. Se armaron de palabras, Daniel pensaba que Miguel sería como los otros chicos que lo molestaban.

Otro día Miguel se acercó a pedirle la tarea y le solicitó ayuda para que le explicara algún tema complicado. Poco a poco se ganó la confianza de Daniel y se hicieron amigos. Luego comenzaron a charlar.

—Si haces ejercicio, créeme que vas a tener más pegue que yo —decía Miguel pensando que Daniel al menos lo intentaría.

Daniel sentía envidia de Miguel porque siempre lo miraba rodeado de chicas a las que poco caso hacía.

—¿Cómo le haces? —preguntaba Daniel consternado.

—Yo no hago nada, pero si tú haces ejercicio y adelgazas, vas a tener más pegue que yo, eso te lo puedo asegurar. Vamos a correr.

Y aunque Daniel no quisiera, Miguel se lo llevaba.

Las cosas no mejoraron a pesar de los intentos. Daniel se sentía todavía más desesperado y tomó una decisión.

Todo se remontó a un recuerdo. Daniel escuchó la conversación de unas chicas que se veían delgadas. Sólo hubo dos palabras: *Ana* y *Mía*.

Fue a buscar a *Mía* y la encontró. Supo que ésta es la bulimia y en internet encontró toda la información; también supo las consecuencias y aun así la aceptó por decisión. Tomó nota de todos los tips y los siguió al pie de la letra.

Comer todo y luego ir a vomitar. No sentir culpa. Luego beber un poco de agua para no sentir el estómago vacío. Aprendió a masticar y esconderse la comida en la boca, para luego retirarla sigilosamente con una servilleta. También tuvo un recipiente escondido en su habitación para vomitar a escondidas. Esperaba a que la casa estuviera sola para tirar el contenido, lavar el contenedor y devolverlo a su escondite.

Aprendió a vomitar en completo silencio. Contraía el estómago para darle a la comida el suficiente empuje para llegar al esófago, después se contenía para que lentamente subiera el vómito hasta su boca y pudiera soltarlo todo de un golpe. Sabía que mientras más líquidos consumiera, más fácil expulsaría el alimento.

Daniel comenzó vomitando la mitad de lo que comía y se dio cuenta de que no funcionaba. Empezó a vomitar todo cada tercer día, hasta que expulsar la comida se hizo costumbre. El olor del vómito ya no le produce nada. La rutina del vómito se hizo diaria en el desayuno, la comida y la cena.

Comer le provocaba culpa y vomitar se convertía día a día en un alivio. Procuraba beber mucha leche, pensando en que aquel líquido blanco protege el estómago y además tiene proteínas y vitaminas. Pensaba: "La leche no puede engordar tanto como unas garnachas con crema y queso, bañadas en aceite o manteca". Entonces añadía a su dieta algunas galletas de fibra y así se la llevaba.

Eso sucedió en las vacaciones de verano al terminar el segundo grado de secundaria. Al volver a la escuela para entrar a tercero el cambio era notorio, había bajado aproximadamente ocho kilos en menos de un mes.

Daniel trató de hacer ejercicio pero se dio cuenta del daño que le hacía a su cuerpo exigiéndole tanto y procurándole tan poco sustento.

Los primeros ocho kilos lo animaron y continúo hasta pesar 74 kilos con 1.75 metros de altura. El cambio fue radical. Las chicas comenzaron a acercársele. Las que antes lo ignoraban, ahora lo invitaban a salir.

De las consecuencias no hay mucho todavía. No le duele el estómago, aunque a veces siente agruras. Sus dientes han tomado un color amarillento, pero aún no han perdido su textura, ni su brillo natural. Sin embargo, sabe lo que les sucederá con el tiempo.

Todo el periodo de la preparatoria lo siguió con la misma rutina.

Alguna vez sus padres descubrieron el recipiente en su habitación y lo cuestionaron. Le dijeron que si estaba loco, si no se quería a sí mismo. Fueron horas de sermón. Daniel sólo guardó silencio y luego les externó lo que querían oír.

No les dijo que no lo entendían, tampoco les habló de la soledad y el abandono que sentía de su parte. Tampoco reclamó. El silencio dejó el tema en el olvido.

Daniel no ha tenido reclamos de su cuerpo y eso le preocupa. Siente que tiene controlada la bulimia y deja de vomitar hasta que le aprietan de nuevo los pantalones o viene la presión, el regaño, la humillación y la tristeza.

Daniel sabe que está enfermo y no sabe qué hacer. Sólo tiene 20 años y muchos planes por cumplir.

▶ La Organización Mundial de la Salud (OMS) define el sobrepeso y la obesidad como una acumulación anormal o excesiva de grasa que puede ser perjudicial para la salud.

● La OMS indica que 65% de la población mundial vive en países donde el sobrepeso y la obesidad cobran más vidas que la insuficiencia ponderal.
● En 2010, la OMS indicó que alrededor de 40000000 de niños menores de cinco años tenían sobrepeso.
● La obesidad infantil se asocia con una mayor probabilidad de obesidad, muerte prematura y discapacidad en la edad adulta. Pero además de estos mayores riesgos futuros, los niños obesos sufren dificultad respiratoria, mayor riesgo de fracturas e hipertensión, y presentan marcadores tempranos de enfermedad cardiovascular, resistencia a la insulina y efectos psicológicos.
● La OMS indica que el sobrepeso y la obesidad son el quinto factor principal de riesgo de defunción en el mundo. Cada año fallecen por lo menos 2.8 millones de personas adultas como consecuencia del sobrepeso o la obesidad. Además, 44% de la carga de diabetes, 23% de la carga de cardiopatías isquémicas y entre 7 y 41% de la carga de algunos cánceres son atribuibles al sobrepeso y la obesidad.
● Según la Encuesta Nacional de Salud y Nutrición 2012 (Ensanut, 2012), 26000000 de adultos mexicanos presentaron sobrepeso y 22000000, obesidad.

▶ Los criterios para hacer el diagnóstico de la bulimia nerviosa son:

– Presencia de atracones recurrentes (consumo de una gran cantidad de alimento en un corto espacio de tiempo, acompañado de una sensación de pérdida de control).

- Conductas compensatorias inapropiadas, de manera repetida, con el fin de no ganar peso, como son: provocación del vómito; uso excesivo de laxantes, diuréticos, enemas u otros fármacos; ayuno; ejercicio excesivo.
- Los atracones y conductas compensatorias ocurren al menos dos veces a la semana, por más de tres meses consecutivos.
- La autoevaluación está exageradamente influida por el peso y la silueta.[1]

✔ ¿Cómo auxiliar a un joven que padece bulimia? La primera consideración es saber que la mayor parte de los jóvenes que posee un trastorno alimenticio va a negar la enfermedad, va a decir que no necesita ayuda, que él solo puede y que es algo temporal; prometerá dejarlo de hacer. La pauta es saber que toda esta negación es parte de la enfermedad y por lo tanto deberán estar informados sus padres de lo que le está sucediendo para que le puedan ayudar llevándolo a un tratamiento especializado.

DOCTORA JULIETA VÉLEZ BELMONTE,
directora del Área Clínica, ABC de los TCA

¿Cuál es tu comportamiento cuando se te acerca una persona con sobrepeso?

❑ La subestimo en sus capacidades.
❑ La juzgo por su apariencia.
❑ Me parece una persona como cualquiera pero que necesita ayuda profesional para controlar su peso.

Visita:
No a la obesidad
http://www.noalaobesidad.df.gob.mx/

---

[1] Instituto Nacional de Ciencias Médicas y Nutrición Salvador Zubirán, www.innsz.mx

BULLYING

¡Pinche fresa!

Por Moisés Castillo

I

—Como que no te gusta este ambiente, ¿verdad? —dijo la directora de la primaria Francisco I. Madero, como si le leyera la mente.

—Sí, está bien... —fingió Sofía mientras se dirigían a su nuevo salón de clases.

Desde el primer día todos la miraron como un bicho raro y comenzaron a a decirle "pinche fresa", "la rica", "la güerita". Lo consideraba normal por ser la "nueva", pero pasaron las semanas y nadie quería hablar con ella. Intentó integrarse al grupo y fue peor: "Te vamos a pegar a la salida, burguesa", le advertían.

El cambio fue drástico para la niña de 11 años: preescolar y hasta quinto de primaria los había cursado en colegios Montessori y en el Centro Escolar Educa. Por cuestiones económicas y de mudanza fue inscrita en esa escuela pública del Ajusco. Era la única chica de piel blanca del aula y por eso la hacían llorar. Ya no quería ir a clases, hacía cualquier berrinche para evitar insultos y demás burlas. "Pero tú vas a estudiar, no a hacer amigos", le trataba de explicar Raúl, su padre.

Cuando terminó el ciclo escolar, Sofía era la chica más feliz del mundo. Por fin ya no iba a ver a esos niños groseros y vulgares. Regresó a su casa corriendo con todas sus fuerzas.

II

No podía creer tanta mala suerte en tan poco tiempo: la apunta-
ron en la Escuela Secundaria Técnica 96, Miguel Alemán Valdés,
ubicada en la colonia Santo Tomás Ajusco, donde se encontraría
a la mayoría de sus compañeros odiosos de sexto de primaria. Ya
podía imaginar el menú de la semana: lunes y miércoles, groserías;
martes, jueves y viernes, "ley del hielo". Caminara por donde caminara, se encontraba a alguien que le decía: "¡Pinche fresa, qué haces
aquí!" Un mal augurio.

Por lo menos una vez a la semana le escondían su mochila y
le robaban algunos útiles o cosas personales. Pero un día sintió
mucho coraje al encontrar su morral tirado como basura en el pasillo del salón. Le ardía el estómago, pensó que tenía fuego en las
tripas al leer un papelito que señalaba: "No manches, no me digas
que ya se dio cuenta de que fuimos nosotras las que aventamos su
mochila por la ventana".

Sin pensarlo fue al área de trabajo social para reportar la "broma de mal gusto", pero no pasó nada. Sabía que era el grupito de
siete niñas liderado por Samanta.

Ya en segundo grado le cambiaron el mote, ahora era la "cabezona" por su nuevo corte de cabello o la "Blanca Nieves". Trataba
de ignorar esos comentarios pero siempre terminaba llorando en el
baño a la hora del recreo. Hasta que un día Sofía se hartó y encaró
a Samanta:

—Ya vele bajando, no me importa tu vida, me das igual.

—Perdónanos, neta que ya no queremos tener problemas contigo, ni al caso —le contestó la líder mientras mascaba un chicle
de menta.

Sin embargó, pasó una semana y regresó la pesadilla. Al atravesar el patio, ella y una amiga de tercer grado fueron interceptadas
por Samanta y sus seguidoras. Salieron de repente agarradas de
las manos como una gran serpiente y comenzaron a rodearlas. No
había escapatoria, fueron presa fácil. Mientras giraban en círculo

escucharon: "Ay, pendejitas, ¿a dónde van?, pinches mugrosas". Su acompañante pudo escapar, pero Sofía permanecía en esa jaula humana.

Poco a poco cerraron la rueda y comenzaron los empujones y los jalones de cabellos, mientras oía: "¡Pinche cabezona, ya lárgate de aquí!" Una sensación de miedo invadió su cuerpo porque no podía respirar, trataba de zafarse pero era inútil. Pensaba lo peor. A pesar de que todo transcurría vertiginosamente, veía esos rostros disfrutando el momento. Desesperada, Sofía tuvo un segundo para defenderse: "¡Ábranse, pendejas!", y con los puños cerrados pudo huir. Corrió hacia ninguna parte.

Del coraje, Samanta la persiguió y pudo alcanzarla por la espalda. La agarró del hombro derecho y le enterró las uñas como cuchillos filosos. Ya de frente, la agresora estampó su mano derecha sobre una de las mejillas de Sofía. "¡Lo que me quieras decir, dímelo en mi cara, perra!" La agredida no podía creer la clase de monstruo al que desafiaba. La miró unos segundos, realmente estaba enojada. Cabizbaja, huyó a paso lento.

Subió las escaleras y no podía llorar. Buscó al prefecto Martín, que desde las alturas había observado el incidente, y a quien le contó todo para que redactara el reporte. "No pasa nada, mi'ja, pero qué bueno, te lo mereces". En ese momento brotaron las lágrimas, estaba destrozada. "No se vale que me hagan esto", se decía a sí misma.

Su tutor la vio tan mal que la acompañó a trabajo social y ahí le preguntaron quién la había golpeado, pero al final la directora no quiso resolver nada.

Los padres de Sofía acudieron al día siguiente para arreglar el asunto, pero la titular de la secundaria técnica les dijo: "Yo llevo más de 20 años en esta institución y no pasa ese tipo de cosas". Salieron indignados y sin otro camino que esperar a que concluyera el año para moverla a otro plantel.

"No respondí al golpe porque yo también pude haber sido responsable, ¿no? Obvio no me iba a quedar callada porque iban a ver que la víctima es más sensible de lo que aparenta y pueden hacerme más cosas feas. Por eso yo les contesté con groserías y me fui."

III

Sofía está harta del ambiente escolar y así se lo hizo saber a sus padres, quienes no han encontrado otra secundaria cercana. Le sorprendió escuchar muchas groserías entre sus compañeros de clase, no sabía su significado y tal vez por eso se reían de ella, porque "pecaba de inocente". Inventaba sentirse muy mal o a veces se enfermaba a propósito para no asistir a la escuela.

Para ella es común ver a los estudiantes tomar cerveza en los baños o fumar cigarrillos. Esconden sus "guamas" en bolsas de plástico y las meten de contrabando. Le asustó mucho enterarse de que sus compañeros hacían cosas malas, por lo menos nunca había observado algo similar en sus anteriores colegios.

El solo hecho de ver a niños y niñas haciéndole "caras" la estresa demasiado. Por esta situación va mal en algunas materias como matemáticas y química. Cada vez que camina hacia la secundaria comienzan a sudarle las manos y trata de estar atenta por si se topa con sus "enemigas". Ya no sabe qué es peor: que la dejen de molestar un poco o que la ignoren por completo.

Dice que a veces se siente como un fantasma en clase, un espejo roto. Pero cuando hay problemas o existe alguna travesura en el aula, le echan la culpa: "Fue Sofía, maestra". A la profesora de formación cívica y ética es a la única que le tiene confianza porque le ha mostrado respeto. Los demás le dicen: "Como que eres fresa, ¿no?" O le preguntan: "¿Eres emo?"

A Sofía le fascina cantar y escuchar música. Uno de sus grupos favoritos es la banda de rock-pop Enjambre. Además le divierte estar con su familia y jugar con sus perros. Dice que le gustaría ser actriz de teatro o algo relacionado con las artes. A pesar de vivir días incómodos nunca se ha ido de pinta y trata de aguantarse: "Es mejor sola que mal acompañada". En un pequeño calendario marca con una equis los días que le quedan en esa "terrible" secundaria.

"¡Al diablo con todo!", escribe en su libreta de rayas. "Todo el mundo bostezando y desesperándose." Asegura que recordará este episodio de su vida como una acumulación de malos momentos.

▶ *El acoso escolar* (también conocido por su término inglés *bullying*) es cualquier forma de maltrato psicológico, verbal o físico producido entre escolares de forma reiterada a lo largo de un tiempo determinado. Estadísticamente, el tipo de violencia dominante es el emocional y se da mayoritariamente en el aula y patio de los centros escolares.[1]

● En México se estima que cuatro de cada 10 alumnos entre los seis y los 12 años han sufrido algún tipo de agresión de un compañero de clase, según la Comisión Nacional de los Derechos Humanos (CNDH).[2]

● México está en el primer lugar a nivel internacional en el número de casos *bullying* en el grado escolar de secundaria, según datos de la Organización para la Cooperación y el Desarrollo Económicos (OCDE).[3]

● Sólo Nayarit, Puebla, Tamaulipas, Veracruz y el Distrito Federal cuentan con una ley específica para evitar la violencia escolar.

● De acuerdo con las denuncias que se han recibido hasta 2012, 60% de los agresores de *bullying* son mujeres. (Fundación en Movimiento A.C.)

● Algunas características específicas del *bullying* son:

– Conductas de acoso que se producen repetidamente en el tiempo y siempre dirigidas a las mismas personas.

---

[1] SEP-Reunión Nacional de Control Escolar 2012.

[2] "40% de alumnos de primaria ha sufrido *bullying*: CNDH", *Animal Político*, 29 de julio de 2012, recuperado el 15 de abril de 2013, http://www.animalpolitico.com/2012/07/40-de-alumnos-de-primaria-ha-sufrido-bullying-cndh/.

[3] "México, primer lugar en *bullying* en secundaria: OCDE", *Milenio*, 18 de junio de 2012, recuperado el 15 de abril de 2013, http://www.milenio.com/cdb/doc/noticias2011/2e6ad9e6ff8b914eee2a3ba8fb27aa81.

– Las personas que ejercen esta violencia física o verbal lo hacen con la intención clara de molestar y humillar, y generalmente sin que haya provocación previa de la víctima.

– Es frecuente que las personas agresoras se consideren más fuertes, más listas o, en definitiva, mejores que su compañero o compañera agredida.[4]

✔ Las consecuencias [del *bullying*] pueden ser devastadoras; [éste] genera depresión, ansiedad y hasta suicidio. Las víctimas suelen ser personas retraídas que no tienen amigos, son objeto de burla; en la clase no hablan, son inseguros, tienen un aspecto triste. Los agresores o *bullies* normalmente tienen una dinámica familiar donde viven ese tipo de situaciones: son "bulleados" por sus mismos padres, no son tomados en cuenta, viven una dinámica familiar bastante complicada, y por eso llegan a las escuelas o a otros entornos a aplicar lo mismo que viven allí.

LILLIAN GUILLÉN,
coordinadora de asesoría y consejería
del Tec de Monterrey campus Santa Fe[5]

---

4 Fuente: Secretaría de Educación Pública (SEP).

5 Tania Romero, "Cuidado con el *bullying*", *Reforma*, 17 de febrero de 2013, recuperado el 15 de abril de 2013, http://www.reforma.com/universitarios/articulo/689/1377487/.

¿Tienes algún problema al relacionarte con gente de diferente estatus socioeconómico?

❑ Sí, hay gente que me parece inferior a mí.

❑ Sí, a veces me parece que los demás se perciben superiores a mí.

❑ Pienso que no puedo juzgar a una persona sin conocerla.

Visita:

Fundación en Movimiento. Respetar para mejor convivir

http://www.fundacionenmovimiento.org.mx/

Tel. 1327-8123

Mirada perdida

POR ALE DEL CASTILLO

Nacer no fue sencillo para Mateo, su mamá lo protegería a costa de su vida. En dos embarazos anteriores, María abortó involuntariamente debido a los golpes que su marido le propinaba cuando llegaba borracho a casa.

Viajó de Tierra Blanca, Veracruz, a Córdoba, para que Mateo naciera en un hospital. Las contracciones llegaron y luego desaparecieron. El bebé tenía el cordón umbilical enredado en el cuello y cada intento por salir a la vida lo devolvía al interior del vientre materno.

Los doctores estaban preocupados porque María ya no sentía absolutamente nada. Las posibilidades de sobrevivir eran escasas, sobrevivía uno o ambos podrían morir.

El médico se acercó con una ampolleta que contenía un líquido amarillo y le dijo a María:

—De esto depende tu vida y la de tu hijo; te va a dar una contracción y la tienes que aprovechar, si no...

María recibió la sustancia y de nuevo comenzó el trabajo de parto. En una contracción se decidió la vida de ambos. Las enfermeras que recibirían a Mateo se apresuraron a cortar el cordón umbilical y finalmente el bebé nació bien. Aquel día no hubo nadie acompañándolos, estaban solos.

Al terminar el doctor se acercó a María y le preguntó por su esposo. No hubo respuesta. Entonces argumentó:

—Planea si vas a tener más hijos porque ve el tipo de vida que llevas y cómo estás. Piénsalo bien si quieres tener más hijos. Considéralo.

El doctor se dio la media vuelta, dejó a María recuperándose y más tarde regresó.

—¿Qué has pensado?

—Pues sí, ya que sea el único —contestó María.

—Mira, si sólo lo tienes a él, te vas a dedicar a él, lo vas a cuidar, lo vas a proteger y te vas a evitar todo.

Al día siguiente, cuando María convalecía, se presentó Jacinto, su esposo. El doctor le informó que su mujer estaba recuperándose de las ligaduras de las trompas de Falopio, porque había decidido no tener más hijos.

Jacinto le reclamó a María. En ese momento sentía odio y coraje por no tener la posibilidad de más descendencia.

A María la dieron de alta y juntos, los tres, pasaron la noche en casa de unos familiares antes de retornar a Tierra Blanca en autobús a primera hora.

Al arribar a casa, Jacinto se cambió de ropa y acudió a un baile que se llevaba a cabo cerca de su casa.

—Ahí les encargo a ésa —le dijo a la abuela y a las tías de Mateo, y dejó sola a María.

En la casa no había agua ni comida, tampoco nada para procurar el cuidado de la mujer que acababa de parir.

Como pudo, María consiguió algo para comer, también extrajo agua del pozo que se hallaba a unos 30 metros de su casa. Las abuelas y las tías no se acercaban aunque quisieran ayudar, porque temían a Jacinto. Esperaban que él resolviera el cuidado de Mateo y María.

Los siguientes días fueron iguales. María sacrificaba los pocos pollos que le quedaban para comer y Jacinto seguía sin regresar a casa. Cuando por fin llegaba no traía consigo ni dinero ni alimento. Prácticamente sobrevivían con la despensa que semanalmente les proveía el padre de Jacinto. María decidió hablar con el abuelo de Mateo, pues las cosas no podían seguir así.

—¿Sabe qué? A Jacinto lo está malacostumbrando. Él trabaja y lo que gana se lo come y se lo bebe. Cuando conocí a su hijo, usted me dijo que sabía trabajar y que era responsable. Lo que estoy viendo es todo lo contrario.

Desde aquel día, María no recibió más apoyo del abuelo paterno de su hijo y el sustento se acabó.

—¿Qué no hay comida en esta casa? —preguntó Jacinto enojado—. ¿Por qué no hay comida?

—Pues es que tú no la traes, ¿cómo quieres que comamos? —contestó María.

María necesitaba soluciones y le propuso algo a Jacinto. Ella tenía un terreno baldío en la ciudad de Tierra Blanca que había puesto en venta cuando se fueron para el campo; por aquellos días había aparecido un comprador.

—Si quieres tenerme a mí y a tu hijo… quiero que me saques de aquí.

El inmueble en que vivían compartía patio con la casa de la madre de Jacinto y eso propiciaba muchos problemas, sobre todo con el mantenimiento de los pollos, que en ese entonces constituían el principal sustento de María y su familia.

Si la abuela de Mateo alimentaba a sus aves de corral, las de María corrían a comer, entonces su suegra aprovechaba para golpearlos y en su enojo maldecía.

—¿Quieres que sigamos contigo? —preguntó de nuevo María y luego argumentó—: Sácanos de aquí, consíguete un terreno, una casa, o no sé cómo le vamos a hacer. Si no, tú por tu lado y yo por el mío.

Posteriormente hicieron el trato de la venta del terreno y María dispuso el dinero para cambiar de vida. Una de las tías de Mateo aprovechó para decirle:

—He visto gente tonta y pendeja, pero no tanto como tú… Mira que sabiendo que el hombre es borracho… se va a gastar el dinero.

—No —contestó María—, él ya sabe. Esto es lo que tenemos —y entonces confió.

María pasó todo el día y toda la noche esperando respuesta de Jacinto. En la madrugada su marido llegó en taxi hasta el campo y le entregó las facturas del material; le dijo que había conseguido un lote en Buenavista.

—Yo no sé —contestó María—, tú te sigues, tú sabes lo que estás haciendo.

Al otro día llegó el material y comenzaron a construir. Las envidias de los pobladores empezaron a correr entre rumores y chismes. ¿De dónde obtenía Jacinto tanto dinero si era borracho y todo lo que ganaba se lo gastaba en vicio?

Los cuestionamientos no esperaron: "¿Tú de dónde sacaste dinero?" "¿A quién mataste?" "¿A quién robaste?"... María tuvo que explicar que poseía un lote y que lo vendió para construir una casa propia. Los ánimos se calmaron.

La construcción se llevó a cabo y el dinero no alcanzó para las puertas, pero con el tiempo eso se convertiría en un problema menor.

Al mes de habitar la casa en Buenavista, Mateo presentaba un puntito en un ojo que parecía una lucecita. La gente afirmaba que se trataba de una catarata y que no era peligroso, pero aquella diminuta mancha continuó creciendo.

Cuando fue inevitable, María llevó a Mateo con la bruja de la abuela, porque allá en el campo hay poca presencia de doctores y lo más común es acudir con los curanderos.

La bruja hizo su diagnóstico: lo del ojo del pequeño era un mal dirigido hacia Jacinto, su padre, pero Mateo lo había aceptado. Le dio unas gotas para que la afección tardara más en hacer efecto y luego le dijo que no había más remedio: Mateo moriría; entonces profesó la fecha exacta de su muerte. María se asustó y pensó: "¿Ahora qué voy a hacer?"

El tiempo transcurrió y Mateo cumplió dos años. Un día como cualquiera, el niño y su madre fueron al río a lavar ropa. Mientras María lavaba, Mateo se divertía jugando con los vástagos de la vecina.

Al regresar, comieron y Mateo se recostó en la hamaca para descansar. El ojo le dolía y se lo comentó a su madre; el dolor se tornó insoportable y comenzó a llorar. María, apresurada, le dejó caer sobre el ojo las gotas que la bruja le proporcionó, pero la pócima sólo le irritó más.

Mateo lloraba incontrolable, no paraba. Después de un rato, el vómito se integró a los síntomas y más tarde quedó inconsciente. Aquello que parecía una lucecita en la pupila del pequeño, se convirtió en un tumor que destruyó el ojo y lo llenó de sangre; la protuberancia brotó y quedó colgando expuesta.

Esa noche fue terrible para María. A primera hora de la mañana siguiente pidió apoyo monetario a Jacinto.

—Consígueme dinero, yo me voy a ir a buscar solución —argumentó María, exaltada.

La bruja volvió a diagnosticar: "Su hijo va a morir y ya lléveselo, porque no hay nada que hacer". María no se rindió.

—Consígueme dinero —insistió a Jacinto—, yo no sé a dónde voy a ir, a quién preguntar... voy a sacar a mi hijo de aquí, a ver qué hay más por hacerle, no lo dejaré morir así —suplicó.

Jacinto corrió con los vecinos y consiguió 50 pesos. Con ese monto, María abordó el camión hacia Tierra Blanca.

Los doctores aseguraron que no había nada por hacer y no contaban con un diagnóstico: "Estamos como tú, no sabemos qué es".

María recordó que en Zongolica habían inaugurado un hospital para indígenas, que era gratuito y que poseía instalaciones decentes. No esperó a dudarlo y emprendió camino hacia allá.

El día era festivo por el aniversario de la Independencia y no había guardias en el nosocomio. Buscó un lugar en la sala de urgencias y se sentó, abrazó a Mateo con todas sus fuerzas y esperó. Nadie la atendió.

Un enfermero que limpiaba la sala le pidió que se levantara de su asiento y María aprovechó para preguntar por algún doctor.

—¿Qué tiene su hijo? —inquirió el empleado de la salud.

María retiró a Mateo de su regazo y cuando el enfermero miró, la imagen lo impactó; le indicó que esperara y salió apresurado en búsqueda del primer doctor que pudiera encontrar.

A Mateo lo atendió un médico general que alcanzó a consultar a la oftalmóloga de la institución, quien también poseía una especialidad en oncología. La doctora no tomó a bien la emergencia y se puso a refunfuñar porque ya iba de salida.

El diagnóstico no fue bueno. Mateo llevaba más de dos días inconsciente, sus signos vitales eran muy débiles y los doctores trajeron el equipo necesario para resucitarlo; poco se podía hacer. El pequeño tenía retinoblastoma, su condición era grave.

Lo internaron y nivelaron los signos vitales, decidieron mantenerlo en observación. El doctor informó a María que si Mateo no despertaba, nada podían hacer, pero si recobraba la conciencia, lo llamara de inmediato, él estaría al pendiente.

El día se hizo eterno, llegó la noche… Después, en la madrugada, Mateo comenzó a reaccionar. Lo primero que le molestó fue la luz, porque el lugar permanecía muy iluminado en comparación con su casa, a la cual alumbraban lámparas de petróleo y velas. El niño quería saber en dónde se hallaba. María le explicó que se encontraban en el hospital por el dolor de su ojo.

María corrió al escritorio del doctor para informarle que Mateo había despertado. El médico acudió y comenzó a charlar con el pequeño, quien pronto pidió algo de comer.

Le dieron un poco de pan y leche. El doctor indicó a María que por ningún motivo permitiera que Mateo se quedara dormido de nuevo. Luego se retiró para hacer unas llamadas.

Pronto consiguió una ambulancia para trasladar a Mateo a un hospital en Río Blanco. Aquella noche llovía y el vehículo médico tenía todo el techo picado, llovía por todos lados.

En el centro hospitalario de Río Blanco el diagnóstico fue el mismo: retinoblastoma o cáncer de la retina. De ahí transfirieron a Mateo al Instituto Nacional de Pediatría, en el Distrito Federal.

En dicha institución de la capital del país comenzó a generarse el expediente de Mateo y se confirmó el diagnóstico: un estado de retinoblastoma bilateral en etapa tres, lo que significaba que los dos ojos tenían cáncer en etapa terminal y no había mucho por hacer.

—Tu hijo ya viene casi muerto —le dijeron los doctores a María—. Lo que podemos hacer es muy poco; si no te lo mata el tratamiento, te lo mata la enfermedad. La única palabra la tiene el de allá arriba.

María rezó. En los 15 días siguientes operaron a Mateo, le retiraron el ojo y comenzó una quimioterapia con radiaciones.

Para cuando Mateo cumplió tres años después de un año de tratamiento, el diagnóstico pintaba mucho más alentador y lo transfirieron a vigilancia. El cáncer había desaparecido.

Al año, Mateo recibió su primera prótesis. No era un pequeño ojo como tal, pero el aditamento permitía que no hubiera un hueco solamente en la cavidad ocular.

María y Mateo volvieron a Buenavista. A su regreso, la gente se mostraba asustada porque sabían que el cáncer mata y Mateo estaba vivo. De nuevo comenzaron los rumores: "Mateo nunca tuvo cáncer"… Sugerían que se había sacado el ojo jugando o con algo. Para los habitantes de Buenavista resultaba sencillo cuestionar: "¡Qué va a ser cáncer! Es puro cuento de ustedes".

Los vecinos no podían dejar de mirar a Mateo, especialmente ahora que crecía y se hacía más pronunciada la ausencia de uno de sus ojos. La cavidad ocular se hallaban contraída, la piel se hacía más delgada y se adhería con mayor fuerza al hueso. En la operación le retiraron todo rastro del globo ocular y parte del hueso del pómulo. Su piel estaba seca y se hundía.

Mateo crecía y la gente lo miraba, pero eso no impedía que los niños jugaran con él. Mientras los espacios eran lúdicos todo marchaba bien, hasta que el miedo y los argumentos de los adultos hacían que todo caminara en otro sentido.

Mateo jugaba con Javier, uno de sus vecinos. Esa tarde, Javier sintió sed.

—Ahorita vengo, voy a tomar agua —dijo Javier.

—No te vayas, yo te doy —ofreció Mateo.

—No, voy a mi casa, gracias.

—¿Por qué? —cuestionó Mateo—. ¿Por qué vas a tomar agua a tu casa?

—Mi papá me dijo que si me invitabas a comer o me dabas agua, no aceptara nada, porque me puedes pegar el cáncer.

Mateo no tenía más remedio que dejarlos ir y esa escena se repetía en considerables ocasiones. Todo estaba bien hasta que con la presencia de un adulto y sus miedos, tenían que alejarse o mostrar distancia de Mateo.

No era extraño que los padres vieran a sus pequeños jugando con él y los llamaran para evitar contacto. Cuando eso sucedía Mateo sólo tenía siete años.

Él se entristecía porque entendía que el cáncer ya había pasado y que después de mantenerse cinco años en observación, sin ninguna recaída, lo habían declarado sobreviviente de esa enfermedad, lo cual le daba la posibilidad de vivir como cualquier persona que nunca ha tenido cáncer.

En la escuela no era diferente. Las maestras siempre le daban un trato especial y lo limitaban en todo.

Disfrutó los primeros años de la primaria, pero luego comenzaron los apodos. "El ojo de cochino muerto", "El tuerto"... Y en eso no paraba: "Hay un perro que se parece a ti porque no tiene un ojo" o "El burro de fulano de tal se parece a ti porque no tiene el ojo"... Había pretextos como mirar cualquier figura extraña en los libros para decirle: "Mira, éste se parece a ti porque está deforme"; o luego se tapaban un ojo y le decían: "Mira, ya me parezco a ti".

El tiempo pasaba y aunque trataba de no darle importancia, esas situaciones lo herían. Mateo era bueno para el estudio y trataba de aprovecharlo, sacaba buenas notas y entregaba sus tareas completas; pero no fue suficiente, al llegar a tercero de primaria quiso dejar la escuela.

Los niños que más lo molestaban eran los preferidos para los regaños y los que nunca cumplían con las tareas. Eran más grandes que él y su deficiente desempeño escolar los retrasó hasta compartir el aula con Mateo. Lo esperaban a la salida afuera de la escuela para golpearlo y, entre jalones, romperle sus cosas.

El padre de Mateo se dedicaba al jornal, ganaba muy poco y había cambiado de actitud después de que su hijo sobreviviera al cáncer. Desde entonces él y María velaban por que a Mateo no le faltara nada y tuviera la mejor calidad de vida.

Procuraban mandarlo aseado todos los días y con ropa limpia, le compraban calzado y nunca le faltaba nada del material escolar requerido.

Sus compañeritos lo miraban con desprecio, le rompían la mochila cuando la jalaban para arrancársela o en los recesos buscaban echarle tierra para ensuciarlo.

Mateo pensó: "No quiero seguir, ya sé leer, sé escribir, sé sumar, sé lo básico para vivir aquí en el campo, eso es lo que necesito". No tenía expectativas para sí, tampoco se permitía soñar. Todo le daba igual. "¿Qué voy a hacer con un solo ojo?", pensaba.

María lo miró y le dijo: "¿Estás loco? No vas a parar por esto". Y comenzó a contarle la historia del pollo-águila.

Un campesino había encontrado el huevo de un águila en su camino al volver del trabajo, se llevó el huevo y lo puso a empollar con sus gallinas. El águila que nació con los pollos era diferente, más grande y con otras habilidades; eso no impidió que viviera y se comportara como un pollo. Aprendió a rascar la tierra y a comer lombrices como los demás.

Desde el cielo, un grupo de águilas lo vieron y bajaron a charlar con el pollo-águila. "¿Qué haces aquí? —le preguntaron—, tú eres un águila." El pollo-águila no comprendió. Entonces aprovecharon para contarle sobre la vida de las águilas, le hablaron de volar y de comer cualquier cosa que quisiera; lo invitaron a surcar los aires.

El pollo-águila contestó que no sabía volar y entonces le enseñaron. Lo llevaron a las montañas, le mostraron cómo cazar peces, a mirar el mundo desde otra perspectiva, luego lo regresaron a la casa del campesino.

Le preguntaron: "¿Quieres quedarte aquí o irte con nosotros?" El pollo-águila tomó una decisión y emprendió el vuelo.

María miró a Mateo y le dijo:

—Tú no eres para que te quedes aquí comiendo polvo y lombrices en el lodo. No quiero que te quedes, quiero que le eches ganas, perdiste un ojo pero tienes el ojo del corazón, con ese puedes ver más allá.

Mateo escuchó cuidadosamente aquella historia y guardó silencio. Para la tarde, cuando su padre regresó del trabajo, María le contó que Mateo quería abandonar la escuela y también se acercó para hablar con él.

—No quiero que te quedes como yo aquí trabajando en el jornal —dijo Jacinto cubierto por la tizna que deja cortar la caña; le extendió las manos con las que trabajaba con el hacha, el machete y el azadón, y señaló—: Mírame, quiero que le eches ganas y que no hagas caso a lo que te dicen.

Aquellas palabras serían un recordatorio constante para Mateo, volverían como un eco cuando hubiera problemas o cuando estuviera a punto de rendirse.

Un día, la escuela llevó a Mateo y a sus siete compañeros de salón a un concurso académico por zona. A la mayoría de los niños de otras escuelas ya los había visto alguna vez en los camiones o compartiendo la cancha en algún juego, pero esa ocasión todos lo miraban.

Se adelantaban a su paso para observarlo de frente, luego Mateo escuchaba: "Míralo, está raro"; él se sentía incómodo. "¡Ya déjenme en paz!", pensaba.

Listo para contestar su examen, tomó el lápiz y comenzó a resolver las preguntas lo mejor que podía, pero algo lo alteró: todos seguían mirándolo. Finalmente no aguantó más, se desesperó y entregó la prueba. Tomó camino al transporte que los llevaría de vuelta y se sentó a esperar. Estaba triste e incómodo; pensaba: "¿Qué me ven tanto? ¿Por qué me pasa esto a mí?" No había respuestas.

En la ceremonia final para cerrar el curso, Mateo participó en el acto de la escuela y en los bailables. Luego decidió subirse a un árbol para ver desde las alturas lo que sucedía en la entrega de diplomas y reconocimientos por aprovechamiento.

Desde las ramas escuchó su nombre: recibiría el tercer lugar por aprovechamiento a nivel zona. Sorprendido, bajó del árbol y fue a recibirlo mientras se preguntaba: "¿Por qué yo?"

Aquel logro lo motivó, pues con ello podía demostrar que él, con un solo ojo, era mejor que los demás. Pensó: "Le voy a echar ganas".

Mateo tenía altas expectativas para sí mismo, deseaba ser mejor que los demás pero las buenas calificaciones no lo salvaban de las corretizas.

Salía de la escuela y se apuraba en ser el primero en entregar sus deberes; metía todo a la mochila, ponía un pie afuera de la escuela y corría a toda velocidad hasta la esquina donde podía vislumbrar su casa. Sus compañeros también corrían para tratar de alcanzarlo; a veces lo conseguían, otras no. Aquella dinámica duró años.

Alguna vez, cuando ya cursaba el sexto de primaria, salió en el receso para comer en casa. En el camino de regreso a la escuela no hubo escapatoria, sus compañeros montaban en bicicleta y lo rodearon.

—¿Por qué sacas buenas calificaciones? —preguntaron violentamente mientras lo golpeaban—. ¿Por qué sabes más que nosotros? —insistieron.

El camino estuvo lleno de agresiones y aprovecharon una obra en construcción para amarrarlo con alambre a uno de los pilares de concreto.

—¿Por qué? —preguntaba Mateo—. ¿Por qué son así conmigo?

—Porque eres mejor que nosotros, sabes mucho y entonces te vamos a amarrar —argumentaron, mientras lo abandonaban a la suerte de que alguien pasara y lo auxiliara.

Mateo guardó silencio y miró cómo se alejaban, se quedó solo. Momentos después, vio pasar a Fito; le gritó:

—¡Oye, Fito!, desátame, porque me dejaron aquí amarrado.

—¿Quién te amarró? —preguntó Fito lidiando con los alambres—. ¿Por qué te amarraron? —Mateo comenzó a contarle. Y luego, ambos se fueron a la escuela.

Lucero, la maestra de Mateo, comenzó a preguntar en el salón: "¿Dónde está Mateo? ¿Ya no regresó?" Nadie respondió.

Llegaron tarde y la reprimenda inevitable sucedió:

—¿Por qué llegas hasta esta hora? —cuestionó la maestra.

Mateo guardó silencio como lo había hecho siempre, pero esa ocasión, Fito contestó:

—Porque lo encontré amarrado en una construcción.

—¿Por qué amarrado? —inquirió la profesora.

Fito no dudó en contestar.

Los compañeros de Mateo enfurecieron. Le llamaron "coyón", "maricón" y "rajón". "Vas a ver ahorita", sentenciaron.

La maestra los castigó y mandó llamar a sus madres; la historia no tardó en llegar a oídos de María. "A tu hijo lo corretean, lo revuelcan, le tiran sus cosas", le dijeron. Ella cuestionó a su vástago: "¿Es cierto que te hacen esas cosas?"

Mateo quería resolver sus problemas solo y así trató infructuosamente de hacerlo por años. María intentó hablar con las otras madres, pero todas hicieron caso omiso, hasta que topó a los agresores de su hijo y ella misma les cuestionó: "Bueno... ¿Ustedes qué traen contra mi hijo?, ¿por qué lo molestan?" Ellos respondieron que querían que Mateo los maldijera, como hacían otros niños y niñas cuando los molestaban, eso les causaba diversión, no toleraban que le fuera bien en la escuela.

Al salir de la primaria, el promedio de Mateo fue de 9.9 y aprovechó para restregárselos a todos en la cara. Para ese entonces ya había perdido a su padre. Nadie celebró con ellos el terminar la primaria, María y Mateo se quedaron solos.

Llegó la secundaria y los eternos viajes en bicicleta para poder cursarla. Una hora en bici de ida y una hora de vuelta hasta la comunidad donde estaba la escuela. A María le preocupaba que

Mateo enfermara de nuevo por la distancia, el sol y el cansancio de los viajes, y al mes decidió transferirlo a otra institución escolar.

Para el cambio, corrieron con suerte, porque Mateo pudo inscribirse en otra escuela que quedaba a media hora en autobús. La secundaria fue una etapa agradable, los compañeros se olvidaron de que a Mateo le faltaba un ojo y lo integraron a los juegos y al "relajo".

Comenzó a descuidar los estudios y su promedio bajó a cinco. María lo reprendió y habló con él. La época de rebeldía lo hizo cuestionar su existencia. Mateo sabía que era diferente, el crecimiento de su cuerpo lo hacía mirarse al espejo y además de recordar la ausencia de un ojo, notaba que la prótesis que portaba cada vez le quedaba más pequeña. Estaba deprimido, contestó con preguntas y reclamos: "Me hubieras dejado morir", "¿Por qué viví?", "¿Por qué me quedé así?"…

Pero continuó su camino. El primero de secundaria lo pasó con dificultad, en segundo comenzó a mejorar y para tercero participó en un concurso de oratoria que lo reanimó y le valió el tercer lugar.

Al llegar al bachillerato, retornó aquella mentalidad de restregarle a todos que él era mejor y su actitud lo dejó solo. No tenía amigos y caía mal en el grupo. Se acostumbró a la soledad y a hacer las cosas por su cuenta.

Para quinto semestre, María y Mateo volvieron a mudarse. Dejó la escuela y comenzó a estudiar en el sistema abierto los sábados. Buscó trabajo y consiguió un puesto en una gasolinera. Ganaba 100 pesos diarios por una jornada de 12 horas.

Salía antes de las siete para ir a trabajar y regresaba a las 11 a casa pidiendo aventón a los traileros que cruzaban por el camino. A esa hora ya no había transporte que lo condujera de vuelta a casa.

La gasolinera no fue tampoco un lugar seguro. Mateo no se salvó de la novatada de un mes por parte de sus compañeros. "Invítate hoy al comida" y "hoy te tocan los refrescos", fueron el principio de la incomodidad laboral en aquella estación de servicio.

Luego empezaron los faltantes a la hora de hacer sumas y entregar las cuentas del día. Siempre faltaba dinero.

Los empleados a cargo le decían: "Tú ya sabes cómo tienes que portarte con nosotros para que te vaya bien". Él pensaba: "Yo vengo solamente a trabajar".

Primero su actitud fue de compañero y cuando experimentó el abuso consideró no dejarse de ellos y alguna vez actuó con las mismas mañas con las que dos de sus compañeros hacían sus tranzas.

Guardó 100 pesos para él y procuró ser discreto. Al final del día, la suma dio el número exacto que debía obtener por los pagos de servicios, más sus propinas. Así descubrió que cuando él tomaba los 100 pesos, antes ya se los habían quitado a él. Las circunstancias lo hicieron dejar el trabajo.

Pronto consiguió un empleo en un taller de motocicletas. Le tomó tiempo aprender, pero después se hizo cargo de las composturas. Ahí el pago acordado sería de 50% del costo total de los arreglos. Al principio le tocaron los trabajos más sencillos, luego hacía los más elaborados y otros los cobraban por él. Lo discriminaban por su edad y su inexperiencia, y aun así destacó.

Para marzo de 2011, Mateo acordó una cita para ir a la capital a atenderse y su vida cambiaría de nuevo. Después de desaparecer su expediente en Pediatría por tanto tiempo en el que no dio seguimiento a su situación, comenzó de nuevo en el hospital de Nutrición.

La primera cirugía reconstructiva se llevó a cabo en abril de 2011; la segunda sería en julio.

Mateo se acercó a la Asociación Mexicana de Ayuda a Niños con Cáncer (AMANC) y llegó el ofrecimiento de estudiar una licenciatura con la posibilidad de una beca en una universidad comprometida con las causas sociales y con los estudiantes que no tienen la oportunidad de estudiar por escasos recursos.

Eligió la carrera de psicología y ahora se piensa hacia atrás... cuando era pequeño. "No tenía la idea de estudiar una carrera, no tenía sueños ni expectativas, no pensaba 'quiero ser así o quiero hacer tal cosa', me daba igual"; ahora la carrera lo motiva.

Para Mateo nacer no fue sencillo, vivir tampoco lo ha sido, pero piensa luchar y seguir adelante. Actualmente está esperando la fecha de la operación en la que le reconstruirán el párpado y le pondrán una prótesis.

Mateo sigue su camino, así como él hay personas que han decidido mirar desde lo alto.

▶ El Consejo Nacional para Prevenir la Discriminación (Conapred) señala que la discriminación es una práctica cotidiana que consiste en dar un trato desfavorable o de desprecio inmerecido a determinada persona o grupo.

▶ Las personas y los grupos humanos son víctimas de la discriminación por alguna de sus características físicas o por su forma de vida. Los motivos de distinción, exclusión o restricción de derechos que pueden ser considerados como discriminación se dan por el origen étnico o nacional, el sexo, la edad, la discapacidad, la condición social o económica, la condición de salud, el embarazo, la lengua, la religión, las opiniones, las preferencias sexuales, el estado civil y otras diferencias que pueden ser motivo de distinción, exclusión o restricción de derechos.[1]

▶ Los efectos de la discriminación en la vida de las personas son negativos y tienen que ver con la pérdida de derechos y la desigualdad para acceder a ellos, lo cual puede orillar al aislamiento, a vivir violencia e incluso, en casos extremos, a perder la vida.[2]

▶ El artículo 3° de la Protección de los Derechos de Niñas, Niños y Adolescentes expresa:

La protección de los derechos de niñas, niños y adolescentes tiene como objetivo asegurarles un desarrollo pleno e integral, lo que implica la oportunidad de formarse física, mental, emocional, social y moralmente en condiciones de igualdad.

---

[1] Conapred, http://www.conapred.org.mx.
[2] *Idem.*

Son principios rectores de la protección de los derechos de niñas, niños y adolescentes:

A. El del interés superior de la infancia.

B. El de la no discriminación por ninguna razón, ni circunstancia.

C. El de igualdad sin distinción de raza, edad, sexo, religión, idioma o lengua, opinión política o de cualquier otra índole, origen étnico, nacional o social, posición económica, discapacidad, circunstancias de nacimiento o cualquiera otra condición suya o de sus ascendientes, tutores o representantes legales.

D. El de vivir en familia, como espacio primordial de desarrollo.

E. El de tener una vida libre de violencia.

F. El de corresponsabilidad de los miembros de la familia, Estado y sociedad.

G. El de la tutela plena e igualitaria de los derechos humanos y de las garantías constitucionales.[3]

● "El *bullying* afecta al 40% de los alumnos de primaria y secundaria en escuelas públicas y privadas de México, lo que significa que alrededor de 7.5 millones de menores de edad son hostigados, intimidados, víctimas de discriminación o golpeados en su entorno escolar", advirtió la Comisión Nacional de los Derechos Humanos (CNDH) [...] "Un reporte del organismo nacional reconoce, además, que en México tres de cada 10 alumnos de primaria han sufrido alguna agresión física por parte de un compañero, por lo que, ante el riesgo que representa para 18 781 875 niños que estudian en primaria o secundaria ser víctima de este fenómeno, es imprescindible reforzar las acciones para erradicar esta práctica nociva."[4]

---

[3] Ley para la Protección de los Derechos de Niñas, Niños y Adolescentes.

[4] Silvia Otero, "7.5 millones son víctimas de 'bullying'", *El Universal*, 22 de octubre de 2011, recuperado el 15 de abril de 2013, http://www.eluniversal. com.mx/nacion/190078.

● El Estudio Internacional sobre Enseñanza y Aprendizaje (TALIS, por sus siglas en inglés) de la Organización para la Cooperación y el Desarrollo Económicos (OCDE) muestra a México con el más alto porcentaje de *bullying* en secundaria entre los 23 países analizados en el estudio.[5]

● Otro estudio de la Secretaría de Desarrollo Social (Sedesol) mostró que en un año hubo 10 000 denuncias ante el Ministerio Público por violencia escolar; en algunas delegaciones era mayor que en otras.

✔ El *bullying* es un entramado social muy complejo, no tiene absolutamente nada que ver con pegar, molestar, criticar, poner un apodo [...] Hablar del *bullying* es hablar del mundo de las percepciones individuales y de cómo el ser humano se mueve de acuerdo con la percepción y no con la realidad misma.

Si yo te veo como alguien frágil, te voy a tratar como alguien frágil; es decir, te voy a sobreproteger y al sobreprotegerte te estoy mandando el mensaje que no confío en tus propios recursos y ya te estoy victimizando. En el tema del *bullying* el agresor se dedica a modificar la percepción del grupo, a que el grupo acabe viendo a la víctima como alguien que no vale la pena levantar del piso porque es una basura, alguien que se merece ser tratado así y al agresor, como a alguien que le deben rendir homenaje.

FRANCISCO DE ZATARÁIN,
fundador y presidente de la Fundación contra el Bullying, AC

---

[5] Mariana Winocur, "*Bullying*: un tsunami de dolor en México", *Sin Embargo*, 24 de octubre de 2012, recuperado el 15 de abril de 2013, http://www.sinembargo.mx/24-10-2012/407115.

¿Alguna vez te has descubierto discriminado a alguna persona por su aspecto?

❏ Sí, hay algunas razones que me hacen distanciarme de la gente.

❏ Sí, pero no logro comprender exactamente qué es lo que me repele de ellas.

❏ No, creo que es un poco absurdo discriminar a la gente por su aspecto.

Visita:

Consejo Nacional para Prevenir la Discriminación (Conapred)
http://www.conapred.org.mx/

Los pasos de José

Por Ale del Castillo

José tenía la edad en la que los caminos y los pasos del futuro se comienzan a definir. Cursaba preparatoria y consumía mariguana. Sus padres lo descubrieron.

—¿José consume drogas? —preguntó su padre a su madre.

A la respuesta afirmativa sucumbió un regaño muy fuerte que terminó con algunas bofetadas.

—¡No te quiero aquí! Si vas a estar así mejor prefiero que te vayas de mi casa y no estés con nosotros.

Fernando se abalanzó sobre José y lo tomó del cabello para jalarlo y luego aventarlo. Lo corrió de la casa y le pidió que no volviera.

José se sentó abrumado en un parque y luego agarró camino, sus pasos no tenían fin, ni meta, mucho menos dirección. No hubo lágrimas, sólo silencio y el impetuoso andar que supone un paso tras otro… caminar y únicamente caminar.

Caminó de la delegación Benito Juárez hasta la carretera a Toluca. No midió sus pasos, sólo caminó con esa tristeza que te deja ser corrido de la casa de tus padres. Transitó durante horas; al anochecer cruzó la cuneta y durmió en el monte. Sólo pudo sentir frío.

Al despertar se dio cuenta de su soledad y sus bolsillos estaban casi vacíos. No quería regresar a su hogar, así que empeñó el reloj que llevaba en la muñeca y con el dinero tomó un camión que lo dejó en la estación de metro Observatorio y de ahí jaló para Ciudad Universitaria con el estómago vacío.

En CU estuvo vagando un rato hasta que comenzó a llover. Un malviviente se apiadó de él, le ofreció comida, tabaco y quedarse con él en su casa. Le dijo que podía seguirlo.

José no recuerda el nombre de aquel sujeto, pero sabe dónde encontrarlo. Para él la vida no resultaba tan complicada porque era amigo de los vendedores de comida en Ciudad Universitaria, así que no faltaron los dulces, los churritos o los chicles. Alguna vez lo invitó a comer sopes y si tenían sed se entretenían buscando refrescos tirados de los que aún se podían beber algunos sorbos.

El malviviente juntaba dinerito y lo gastaba para consumir *piedra*. José fumó algunas veces mariguana junto con él, pero nunca *piedra*.

Durante una semana José vagó por CU con la misma vida de su compañero. Charlaban sobre diversos temas, pero José ya olvidó las pláticas. Lo que sí recuerda es la vez que lo invitó a bañarse en las regaderas de CU por donde está el gimnasio y el deportivo.

Después de una semana así, decidió que sus pasos debían tomar de nuevo rumbo hacia la carretera. Paso a paso avanzó. Estuvo dos o tres días caminando. Pernoctó en una paca de paja cerca de los campos de trigo y de maíz. Cuando despertó sus piernas estaban congeladas; sentía mucho frío. La circulación no se restableció hasta que sus pasos regresaron al camino.

Durante su trayecto tuvo suerte pues algunos trabadores le regalaron comida y refrescos; cruzó frente al monumento ecuestre de José María Morelos y Pavón, y así llegó hasta Cuernavaca.

Se compró una quesadilla y paseó por la ciudad. Se mantuvo durmiendo entre la carretera y la ciudad, hasta que un día ya no pudo levantarse, sintió que se le partía la piel de la espalda de estar acostado todo el tiempo en el suelo. Decidió entonces regresar a la ciudad.

Se tomó un refresco y comenzó de nuevo su andar. Apareció una vez más el monumento a Morelos y los mismos trabajadores le regalaron más bebida gaseosa. En su trayecto encontró un bolso de monedas sin arcoíris.

La bolsa contenía un montón de monedas de 50 centavos y con ella regresó a CU. Su amigo el malviviente le propuso cambiársela por su chamarra vieja y a José le pareció un buen cambalache.

La bolsa tenía como 100 pesos y aunque la chamarra estaba vieja, José tendría con qué abrigarse.

Estuvo algunos días vagando por CU, por el mercado de la Bola y el estadio Azteca. Algunos días aceptaba la compañía del malviviente e iban con conocidos o amigos. José recuerda haberlo acompañado a comprar *piedra* para luego fumarla en unas pipas de cristal.

Nunca le ofreció fumar *piedra* y cuando hablaban de drogas el malviviente le señalaba que "ése era su vicio aunque saliera caro", pero también respetaba que la gente eligiera o no drogarse.

José pasó tres o cuatro días más en CU; sufría cansancio, a veces hambre; se sentía sucio, su cuerpo sudaba mucho y su propio hedor le molestaba. Había perdido la concepción del tiempo.

De vez en vez, sus pasos emprendían de nuevo el camino. Ahora se dirigieron al Ajusco, quería conocer "El pico del águila" y le pareció una buena idea andar hacia allá.

El invierno comenzaba y el frío calaba hasta los huesos. José caminó y caminó hasta llegar al Ajusco, durmió a cielo abierto y comenzó a sentir mucha hambre. Su cuerpo ya no era el mismo, había perdido mucho peso.

El hambre y la angustia lo llevaron a comer maíz seco; arrancaba las mazorcas y las devoraba. Siempre esperaba encontrar a alguien que le compartiera un poco de alimento.

Una señora dueña de una cabaña donde vendía alimentos le ayudó y le dio asilo por algunos días. Una semana después los pasos de José volvieron al camino, ahora hacia la ciudad de México. Pasó por Topilejo y por Xochimilco, corrió con suerte cuando se topó a un joven que le preguntó si necesitaba ayuda; entonces le regaló ropa y le dijo que se iba a Tijuana a trabajar, que si quería ir con él, pero José dijo que no.

Pasó algunos días en Xochimilco, durmió en el parque y comió de lo que encontró en la calle. Le gustaba sentarse cerca del lago y observarlo, en eso se le iban las horas. Un día se levantó y tomó camino a Tlalpan.

Se paró frente a la puerta, cerca de las 10 de la noche; la piel de José se había quemado de tanto sol, su cuerpo ya estaba en los huesos, tenía hambre, se sentía sucio... Tocó.

Las puertas se abrieron, era 1º de enero y José había caminado noviembre y diciembre. Se presentaba en la casa de unos amigos de su hermano mayor, quienes inmediatamente llamaron a sus padres porque para todos José estaba desaparecido desde octubre. No sirvieron los anuncios que pegaron, los del periódico o del metro, mucho menos los de la radio. Sus padres se presentaron varias veces a reconocimiento de cuerpo en el Servicio Médico Forense (Semefo).

Esa noche José tomó un baño, cenó y le proporcionaron ropa limpia. Sus padres llegaron pronto con él, estaban muy preocupados, los vio llorar.

José no era el mismo, su rostro impactaba porque había perdido toda la grasa del rostro y estaba hasta los huesos. Su mirada, perdida.

Aquella noche durmió en casa de los amigos y al día siguiente sus padres arribaron por él. El José que retornaba a casa no era el mismo que se había ido. No importó la fiesta de bienvenida, tampoco la alegría que todos externaban por tenerlo de vuelta; José estaba triste.

Pasaba el día en su cama, tenía depresión y dolor de cabeza. Le faltaba fuerza en todo el cuerpo, seguía muy débil después del viaje y padecía anemia. Se apartaba de la gente y prefería los lugares oscuros. Sus padres sabían que José no se hallaba bien.

Prefería el suelo a la cama. A veces hablaba o se reía solo. José era otro, su conducta era extraña y sus padres lo miraron así durante tres meses. Pronto tomaron la decisión de llevarlo al Centro Ericksoniano para que le hicieran un diagnóstico.

En aquel centro comenzaría un tratamiento para la depresión con medicina y terapia. El medicamento le producía mucha hambre, pero también demasiado sueño. Luego el padre de José decidió que, como terapia ocupacional, se empleara con uno de sus primos, quien confeccionaba piezas de cuero para perro. Por esa actividad recibía un sueldo semanal que usaba para comprar algunas cosas, y una parte se la entregaba a su mamá para que se la guardara.

José no mejoraba. Lucía ido, ajeno, desconectado del mundo. Siempre solo, a veces torpe, casi permanentemente distraído. Su rostro no mostraba alegría o tristeza. Sus padres seguían preocupados.

Por una recomendación decidieron trasladarlo al Instituto Nacional de Psiquiatría Juan Ramón de la Fuente; el diagnóstico: esquizofrenia. Comenzaría un nuevo tratamiento, medicamentos nuevos, terapia y charlas.

La vida para José sigue y sus pasos ahora no van tan lejos. Llegan a la escuela, al parque o al trabajo.

Se toma la medicina porque papá las paga y mamá le recuerda los horarios en los que hay que ingerirla; lo hace para no escuchar voces, esos susurros constantes que parecen tener pláticas que no cesan nunca. Todavía se siente sensible, lo atolondra la gente, el bullicio, los colores, la luz y la ciudad, y por eso le duele la cabeza. El medicamento también le ayuda a no deprimirse y no entrar en estado psicótico.

Ahora hace todo lo que puede para arraigarse a la vida. Tiene un ratón blanco de nombre Skippy que va con él a todas partes. Lo lleva adentro de su camisa; a veces se ve al pequeño roedor moverse por debajo de la ropa y asomarse. Para él es un secreto porque en su casa no saben de su existencia.

Le gusta el metal y como sabe que los metaleros son adoradores del diablo tiene un collar con un pentagrama; pero no es el único: también porta collares con el fragmento de un meteorito, escorpiones, alacranes, avispas, colmillos de cerdo, uñas y garras de otros animales.

Prefiere los cuarzos porque son bonitos y se asemejan a las piedras preciosas, por eso también los vende en el parque que está cerca de su casa, aunque a sus padres no les guste la idea.

Actualmente cursa el último semestre del bachillerato y espera entrar a la universidad para estudiar algo como criminología forense; le llaman la atención las personas que desaparecen y que aparecen en estado de descomposición.

Le interesan el cuerpo y las ciencias forenses. Por eso mira programas en *Discovery Channel* y *National Geographic*.

Le gustaría mudarse a Pachuca porque le agrada el campo. Mientras, pasa el tiempo dibujando; le gustaría tener una pareja y tal vez familia, aunque ahora no tiene ni novia.

Sus pasos parecen ir en círculo, ahora José no va a ninguna parte.

▶ *La discapacidad intelectual* se caracteriza por limitaciones significativas en el funcionamiento del intelecto y la conducta adaptativa, expresada en habilidades conceptuales, sociales y prácticas. Los factores causales son genéticos, adquiridos, ambientales y socioculturales.[1]

▶ Según el Instituto Nacional de Estadística y Geografía (INEGI), dentro de las discapacidades mentales se incluye a las personas con problemas para aprender y para comportarse en actividades de la vida diaria y en su relación con otras personas. El INEGI clasifica dentro de la discapacidad mental a tres subgrupos: discapacidades intelectuales (que define como retraso mental), conductuales (incluye problemas que clasifica como "de comportamiento o conductuales" así como otros problemas de salud mental) y finalmente las (insuficientemente especificadas) mentales (que hacen alusión a la perturbación mental u otros problemas mentales).

Para el INEGI, la discapacidad intelectual incluye el retardo o retraso mental y el síndrome de Down; las discapacidades conductuales y otras mentales agrupan a la epilepsia, el autismo, la depresión, la esquizofrenia, la psicosis, etcétera.[2]

● En México no parece existir un adecuado nivel de conciencia y discusión de la necesidad y pertinencia de la integración social de sujetos con discapacidad intelectual. Dicha pertinencia descansa en razones que van desde lo económico hasta los derechos ciudadanos y humanos.

---

[1] Conapred, http://www.conapred.org.mx.

[2] Betania Allen Leigh y otros, *Estudio sobre discriminación y discapacidad mental e intelectual*, editado por la Dirección General Adjunta de Estudios, Legislación y Políticas Públicas, Consejo Nacional para Prevenir la Discriminación, 2009, Colección de estudios y documentos de trabajo.

Sin embargo, algunos expertos opinan que 70% de sujetos con discapacidad intelectual pueden ser independientes y productivos, lo cual contribuye a una mayor calidad de vida entre ellos y sus familiares; disminuye la carga económica en sus estructuras familiares, en el Estado o en la sociedad en general, y finalmente facilita el ejercicio de sus derechos como seres humanos y ciudadanos.

En México, de acuerdo con la Secretaría de Desarrollo Social (Sedesol) y con datos del INEGI, existen entre uno a dos millones de personas que viven con discapacidad intelectual. La discapacidad intelectual puede ser considerada como la cenicienta de las cenicientas en México y países de ingresos medios o bajos, porque está ausente en la agenda de políticas públicas, tanto social como de salud.[3]

✔ En el informe *Abandonados y desaparecidos* se concluye que estas personas sufren una tremenda segregación social y los resultados son aterradores. Encontramos que las mujeres son esterilizadas, que sufren lobotomías; las condiciones higiénicas son espantosas y las de salud también. Algo interesante que Disability Rights International (DRI) ha podido documentar en cierto país es el uso de sujeciones: cuando están atados de pies o de manos o de la boca, supuestamente para no lastimarse o para evitar comportamientos agresivos contra otras personas. Estas sujeciones son permanentes y no hay ningún control; algunas personas permanecen así de por vida. Específicamente, se encontró a un chico en 2000 y 10 años después se volvió a localizar con las mismas sujeciones.

Después de presentar el informe hubo declaraciones públicas que fueron abordadas por *La Jornada*, en donde se comprometían a cambiar las cosas que reconocían estaban mal, pero las instituciones no hacen nada.

Algo muy triste es que no existen estadísticas de las personas ingresadas en las instituciones.

---

[3] *Idem.*

La concepción errónea de los discapacitados psicosociales es que son peligrosos, cuando la realidad es que las personas sin discapacidad delinquen más que las personas con discapacidad. Otro gran estigma es considerar que la enfermedad viene por nacimiento. La población no es consciente de que en cualquier momento puede desarrollar una enfermedad mental, de ahí la importancia de establecer servicios en la comunidad y de respetar los derechos de estas personas, ya que uno, en cualquier momento, puede convertirse en una de estas personas y acabar en una institución que carece de apoyos necesarios.

Otro estigma consiste en considerarlos ineficientes en los trabajos. En Estados Unidos, por ejemplo, hay estudios que demuestran que personas con discapacidad dan mejores resultados que personas sin discapacidad, porque cuando ellos tienen la oportunidad de trabajar lo valoran más y le echan más ganas.

DRI es un organismo interesado en la integración a la comunidad.

SOFÍA GALVÁN PUENTE,
directora para México y Centro América
de Disability Rights International

¿Alguna vez has pensado que una persona con discapacidad intelectual puede integrarse de manera plena a la sociedad?

❑ No conozco a personas con discapacidad intelectual.
❑ Los que son considerados como discapacitados intelectuales deberían estar recluidos en instituciones.
❑ Considero que tenemos muy poca información sobre el tema y que hacen falta dinámicas sociales que nos hagan partícipes tales iniciativas.

Visita:
Disability Rigths International
http://www.disabilityrightsintl.org/work/country-projects/mexico/

Bocas selladas

POR MOISÉS CASTILLO

I

Dicen que toda muerte sorprende siempre. Y la muerte de Iván llegó de forma intempestiva. El niño de tan sólo 10 años de edad se colgó de los tendederos de ropa que se ubican en la azotea de la casa. Su madre Sandra y sus hermanas lo encontraron ahorcado, inmóvil, como un títere frágil. La imagen de los brazos caídos y el cuerpecito suspendido en el aire nunca la olvidará su mamá. Ésa fue la primera vez que murió aquella joven delgada. ¿Cuántas veces morimos en vida?

II

El 29 de mayo de 2011 se suicidó el menor en la casa de dos pisos ubicada en el barrio de Tlaltepango, en el municipio de San Pablo del Monte, Tlaxcala. Los familiares y amigos de Iván no lo podían creer. La noticia sacudió a todos porque veían al pequeño como un chico normal que jugaba, acudía a la escuela y era cariñoso con su mamá. Sin embargo, en el colegio tuvo algunos problemas con sus compañeros de clase y su entorno familiar asfixió la mente del estudiante de cuarto de primaria.

Tenía conflictos con al menos tres niños porque a la hora del recreo le quitaban su dinero o simplemente se burlaban de él por-

83

que su hermanita menor sufría ataques de epilepsia y retraso mental. De inmediato Sandra fue a la primaria Vicente Guerrero para arreglar esa incómoda situación. La maestra del grupo regañó a los mozalbetes para que dejaran de molestar a Iván. Días después, al enterarse las mamás de la reprimenda hacia sus "niños incómodos", se lanzaron contra Sandra. Insultos y chismes no dejaron de cesar en ese barrio empolvado.

La calle donde se encuentra la vivienda de la familia Cote Mora es silenciosa y continuamente se hacen pequeños remolinos de aire. Aún se observan los arreglos navideños colgados en la ventana principal y un moño blanco en señal de luto. Sandra tiene como vecinos a familiares de su esposo y siempre tomó distancia de ellos. Lo último que se sabe de Raúl —padre de Iván— es que sigue en Nueva York trabajando desde hace ocho años y por lo menos tres veces al mes se comunica vía telefónica con su mujer y sus hijas.

La mamá de Raúl es una viejecita que vive con su nuera y ahora cuida como puede a sus nietas. Pero ella y Sandra se niegan a hablar y quieren que poco a poco el tiempo cure la herida en sus corazones. La cobertura mediática de ciertos periódicos locales y algunas televisoras provocaron que sus bocas se sellaran. Clavan en su lengua una frase para Iván: "Todas las noches vienes inalcanzable y triste".

Dos tíos que viven a lado dicen que la tragedia ocurrió a las nueve de la mañana. Escucharon unos gritos desesperados y sólo pudieron observar a Sandra con el pequeño en sus brazos rumbo al centro de salud que está a escasos cinco minutos en automóvil. Don Carlos fue al mini hospital pero el niño ya no tenía signos vitales, había muerto a causa de asfixia por ahorcamiento.

"Preguntamos a la mamá, es la que debió dar las razones reales del deceso y me dijo que no sabía, porque todo ocurrió en la azotea. 'Andaba jugando y lo descubrí más tarde, no fue al momento'."

Las investigaciones de la procuraduría de Tlaxcala indican que el menor se suicidó porque era víctima de *bullying* por parte de sus amigos de escuela.

"La madre del hoy occiso mencionó en su declaración ministerial que su hijo Iván N., de apenas nueve años de edad, era víctima de acoso escolar, cuyo problema podría haberlo orillado a tomar la decisión de quitarse la vida colgándose de los tendederos", señaló en su declaración ministerial.

En su momento, el subprocurador Humberto Espino Roldán afirmó que éste es el primer caso de suicidio atribuido al fenómeno del *bullying*, el cual implica conductas de maltrato psicológico, verbal o físico entre estudiantes, generalmente ejercidas en las aulas y patios de la escuela.

III

Los tíos describen a Iván como un chiquillo tranquilo y solitario. A su mamá no le gustaba mucho que estuviera en la calle jugando con sus primos. Dicen que extrañaba a su padre y sufría mucho por su "angelito" —hermana menor— cuando se convulsionaba y tenían que llevarla frecuentemente al hospital.

En la escuela no iba tan bien porque era muy "distraído". No soportaba los comentarios odiosos contra su hermanita, que le quitaran su dinero y otras pertenencias. En casa no encontró un refugio. Al contrario, esas noches de incertidumbre por los ataques epilépticos de la niña y la ausencia de su padre no ayudaban a mejorar su entorno.

Una tía del menor, que también vive en la calle Canal, comenta que fue al velorio con su marido y vio a Sandra desconsolada por la pérdida de su hijo. Mientras hace unas quesadillas en su gran comal de leña y masajea la masa con sus dedos anchos indica: "No me explico cómo un chamaquito de 10 años pudo hacerse eso".

El panteón de Tlaltepango o del "Convento" luce seco y desolado. El silencio apabullante inquieta aún más. En la zona de niños difuntos se asoman fotos descoloridas, flores marchitas y hierba crecida. En la tumba del chico de piel morena se puede leer: "Aquí descansan los restos del niño Salvador Iván Cote Mora. Nació el

30/12/2000 y falleció el 29/05/2011 a la edad de 10 años. Recuerdo de sus padrinos y familiares".

El epitafio de color negro revela el dolor insuperable y un cristo dorado funge como testigo: "Estamos tristes porque nos dejaste, pero sentimos consuelo al saber que estás con Dios".

▶ La Procuraduría General de la República (PGR) detalla que 16.5% (uno de cada seis) de los jóvenes víctimas de ese fenómeno termina suicidándose, y que sólo en 2009, 190 adolescentes se quitaron la vida. Este tipo de violencia la ejerce 8.8% de los niños en escuelas primarias y 5.6% en secundarias.[1]

▶ De acuerdo con el Senado de la República, las muertes por suicidio en México creció por arriba de la tendencia mundial. De 1990 al 2000 este mal aumentó en un 150% entre niños de cinco a 14 años, y 74% en jóvenes de 15 a 24 años, por lo cual el suicidio es hoy una de las primeras causas de muerte en ese rango de edad.

▶ Según el Senado de la República murieron al menos 5 000 menores por causas relacionadas con el *bullying*.[2]

▶ La Organización Mundial de la Salud (OMS) asegura que la depresión y el bullying son los causantes principales de suicidio, al alcanzar un 77% de incidencia.

▶ La SEP detalla que son casi 25 000 000 los niños y adolescentes de preescolar, primaria, secundaria y bachillerato los registrados en el padrón de la educación básica y que 10% de este universo son víctimas de *bullying*, encontramos que en el país 2.5 millones de niños se enfrenta situaciones de agresión y violencia.

---

[1] "Acaba en suicidio 16% de víctimas de *bullying*", *El Universal*, 27 de mayo de 2011, recuperado el 15 de abril de 2013, http://www.eluniversal.com.mx/notas/768615.html

[2] Leticia Robles de la Rosa, "Reportan cinco mil muertes por *bullying*; Senado debate ley contra el acoso escolar", *Excélsior*, 25 de marzo de 2013, recuperado el 27 de mayo de 2013, http://www.excelsior.com.mx/nacional/2013/03/25/890687.

▶ En abril de 2013 la Cámara de Diputados aprobó por unanimidad reformas a la ley general de educación para prevenir, detectar y atender los casos de *bullying* y garantizar una educación libre de violencia en los centros escolares del país.

✔ Los pensamientos de un suicida se tornan negativos y en el momento de tomar la decisión de terminar con su vida, una sola idea se impone, la mente queda en negro: "Estoy solo y de nada sirve vivir, todo aquí me lastima". Uno de los síntomas que antecede al intento suicida es la baja autoestima, sobre todo en los casos de víctimas de violación por parte de un familiar, donde la red emocional es la más fracturada. La falta de amor se convierte en el detonador de la depresión y suele convertirse en el factor que catapulta conductas violentas.

ÁNGELES MORALES,
psicóloga y terapeuta

¿Has pensado en quitarte la vida porque tus compañeros de clase te hostigan, intimidan o te agreden todo el tiempo?

❑ No es para tanto, ya se les pasará.
❑ Sí, creo que es la única solución para huir de este infierno.
❑ Algunas veces, y me siento solo.

Visita:
Procuraduría General de la República (PGR)
http://www.pgr.gob.mx/servicios/mail/cedac.asp

Centro de Denuncia y Atención Ciudadana (Cedac)
Tel. 01800 0085 400

Procuraduría General de Justicia del Distrito Federal (PGJDF)
http://www.pgjdf.gob.mx/index.php/servicios/atencionvictimas/cariva
Tel. 5345-5598

JUSTICIA

¿Qué hice?

POR ALE DEL CASTILLO

Cuando Efraín arribó a la capital soñaba que estaba en un reclusorio grande. Soñaba altas bardas y al despertar se preguntaba: "¿A poco un día voy a llegar ahí?"

Efraín llegó a casa y le dijo a su madre que no quería estudiar más. Habían pasado los dos primeros meses del segundo de secundaria que cursaba. Quería trabajar y ganarse su dinero. Además de ese deseo, existía otra razón: Pedro no dejaba de molestarlo. Era un gandalla, siempre le pegaba, lo pateaba y le quitaba el dinero que su mamá le daba.

Pedro era dos años más grande que Efraín y él no era el único al que molestaba. Aquel maltrato duró tres años, tiempo que en los patios de la escuela se extiende como una condena irremediable.

Efraín sentía feo por los golpes. Pedro le dejaba la cara hinchada y las patadas también aportaban sus marcas.

Durante esos tres años Efraín nunca se defendió. A veces trataba, pero no lo conseguía. Había otros como él que también intentaban, pero Pedro siempre les daba pelea, a veces ganaba, a veces también perdía. Pero eso sí, nunca se dejaba.

Efraín, con sus 17 años, dejó su tierra, San Juan, Puebla, para venir a probar suerte a la ciudad de México; comenzó a trabajar como albañil. Se instaló en la zona de Cuajimalpa y de ahí viajaba todos los días hasta la colonia Pensil.

La distancia lo cansaba y corrió con suerte: Luis, un valedor de su pueblo, le ofreció mudarse a vivir con él a la referida colonia, a una bodega que cuidaba. No lo dudó y se mudó con él, así las distancias se harían más cortas y también los gastos disminuirían.

En la bodega no sólo compartiría el espacio con Luis, se unirían sus hermanos y ahí se reencontraría a Pedro, que también era valedor de Luis. Su antigua pesadilla de aquellos días de escuela volvía a su vida.

Era inevitable que Efraín sintiera miedo, pero Pedro ya no decía nada.

Cuando se cruzaban no pasaba de un "quihubo", "¿cómo estás?", "¿qué pasó?" Andaba cada quien por su lado. Sin embargo, Efraín siempre pensaba: "A ver cuándo se le ocurre decirme cosas..."

Un jueves, después de la jornada laboral, Efraín caminó cuatro cuadras desde la bodega para ir a descansar; pasaban de las seis de la tarde. Al llegar, Luis le compartió un poco del pollo que se había preparado para cenar, luego se sentó a reposar.

A las siete llegó Pedro, abrió su lata de activo y comenzó a "monear".

Dieron las nueve cuando Efraín caminaba a su cuarto; Pedro lo llamó.

—¿Quieres una *mona*?

Pedro ya andaba bien "moneado" para esa hora.

—No, no quiero —contestó Efraín—, ya me voy a ir a dormir porque mañana me voy a trabajar —y continuó su camino al cuarto en el que dormía.

A Efraín le gustaban las *monas* pero no "moneaba" con frecuencia, disfrutaba el alucine pero luego se espantaba de la sensación. Ese día dijo que no, prendió la tele y dejó la puerta abierta.

Pedro se molestó, entró en la habitación y comenzó a insultarlo.

—¿A poco sí te sientes de mucha madre?

—No, ¿por qué? —contestó Efraín sin buscar problemas.

—Ya ni hablas —reclamó Pedro.

—Pues ¿qué quieres que te diga?

—¡Eres un pendejo, un retrasado mental! ¡Sal para que nos peleemos! Te sientes mucha madre porque aquí ya no pagas nada... ¿verdad?

—¿Sabes?, aquí ni es tuyo —contestó Efraín porque sabía que Pedro estaba enojado de que Luis lo había invitado a vivir a la bodega también.

Efraín guardó silencio. Ya no contestó a los insultos.

—¿Por qué no vamos pa' fuera? ¡Vamos a darnos en la madre!

—¿Estás loco? Ni te estoy diciendo nada —suplicó Efraín.

—¿Ya ves? Eres reputo, no le entras ni a los madrazos —se burló.

Efraín trató de ignorarlo, pero los desafíos no se detuvieron.

—¡Eres puto! Te da miedo agarrarte a madrazos conmigo —le gritó Pedro.

Las provocaciones crecieron hasta que Efraín se enojó y no aguantó más. Por fin salió al patio. Efraín sólo quería que lo dejaran dormir.

Pedro se fue encima de él a golpes. Efraín no trató de defenderse hasta que empezó a sentir dolor y entonces respondió.

Sintió la sangre caliente que le brotaba de la nariz y entre golpe y golpe pensó: "Chale, ¿qué hago ahorita?" Cuando vio que Pedro tomaba un palo para seguir golpeándolo, pronto miró un cuchillo adentro de un bote y no dudó en tomarlo, quería espantarlo.

Desenvainó el cuchillo para alejarlo, pero el impulso de ambos reunió aquel cuchillo contra el vientre de Pedro. Lo picó dos veces. Pedro se fue para atrás y cayó al suelo.

Efraín se alejó, no podía creer lo que acababa de hacer. No quiso mirar. Estaba enojado y en el enojo se le fue todo, no pensó en nada. Se espantó de lo que había hecho. Entonces salieron sus hermanos y Luis, su valedor, que estaban viendo la televisión en otro cuarto.

Pedro sangraba. Tanto los hermanos de Efraín como Luis, su valedor, se acercaron a Pedro y no dejaban de mirar, luego trataron de hacer un poco de espacio para que Pedro respirara.

—Pinche carnal, ya la cagaste —le dijo uno de sus hermanos.

Efraín no contestó, odiaba a Pedro pero nunca le cruzó por el pensamiento matarlo. Estaba impávido, se quedó parado mirando a la distancia mientras en su cabeza golpeaban millones de preguntas. "Chale, ¿qué hice? Se me fue la mente, no pensé." Miraba el cuerpo inmóvil de Pedro, sangrando, y el remordimiento lo atacaba. "Me arrepentí, no debí reaccionar así, ¿qué hice? No lo quería matar, yo nada más lo quería espantar."

—Voy a llamar a un policía —soltó Luis pensando en acudir a un oficial que conocía del barrio.

Cuando abrió la puerta de la bodega, una patrulla transitaba por la calle y le pidió ayuda.

El oficial entró, no dijo nada y comenzó a tomar fotos. Pedro sangraba y todavía se mantenía con vida.

Para ese momento, Efraín ya estaba en la azotea dando vueltas con sus pasos, trataba de decidir... quería echarse a correr y olvidar el incidente. Pero no se movió.

Miró desde las alturas cómo entró la ambulancia y levantó a Pedro. Luego vio cómo la policía esposaba a sus hermanos y los subía a la patrulla. No pudo más y bajó.

—¡Yo fui! ¡Suéltelos! ¡Yo fui! —suplicaba Efraín ante la autoridad.

Lo esposaron y lo subieron a la patrulla. Lo trasladaron a la delegación y pasó las siguientes 72 horas sin poder creer lo que había hecho. Pedro murió en el hospital.

En los separos de la delegación sus hermanos preguntaban:

—¿Por qué lo hiciste?

Efraín respondía sin chistar:

—Pues ya ni pedo, ya estoy aquí. No se preocupen, ustedes van a salir, yo...

Pasadas las primeras 72 horas, dejaron libres a sus hermanos y transfirieron a Efraín a la agencia del Ministerio Público número 57, especializada en atención a menores infractores.

Las siguientes noches Efraín se soñó con Pedro entre las bardas altas de la correccional, pero esta vez jugaban juntos y "cotorreaban".

La última vez que vio a uno de sus hermanos fue en una audiencia, durante la cual uno de ellos participó como testigo. Le dijo: "Échale ganas, vas a ver que pronto se va a acabar esto. Pórtate bien". Y prometió visitarlo. Le dieron una sentencia por homicidio de cuatro años, seis meses, siete días.

No hubo parte acusadora, no hubo nadie que viniera de San Juan por parte de Pedro.

En el proceso, el abogado de Efraín tramitó una apelación y le redujeron la condena a cuatro años, cuatro meses, 26 días.

Ahora Efraín está en una comunidad de tratamiento para menores infractores. No tiene noticias de su familia ni de lo que sucedió después de la muerte de Pedro. Tiene miedo de que algo les pase a sus padres y a sus hermanos.

Nadie lo visita. Intentó llamar a un número de celular que tenía, pero nadie contesta. No ha escrito cartas a su casa porque no sabe la dirección. Se siente solo.

Está consciente de que no podrá regresar a San Juan porque los hermanos de Pedro lo matarían. Aun así, quiere volver a ver a su madre.

Efraín está arrepentido. Si pudiera regresar el tiempo atrás, lo haría para estar en casa con sus papás. Nunca hubiera deseado mudarse a la capital. Cumplirá su condena cuando tenga 21 años.

▶ Desde edades cada vez más tempranas, niñas, niños y adolescentes aprenden que la violencia es una forma eficaz para "resolver" conflictos interpersonales, especialmente si la han padecido dentro del hogar, ya sea como víctimas o como testigos. La violencia se transforma paulatinamente en el modo habitual de expresar distintos estados emocionales, como enojo, frustración o miedo; situación que no se constriñe al seno familiar, sino que se verá reflejada en la interacción de cada uno de los miembros de la familia con la sociedad.

En la búsqueda de prevenir este tipo de conductas, la Asamblea Legislativa del Distrito Federal aprobó la Ley para la Promoción de la Convivencia Libre de Violencia en el Entorno Escolar, que se publicó el 31 de enero de 2012, acción que se espera sea reproducida en otras entidades federativas y que define en su artículo 32 el maltrato entre escolares de la siguiente forma:

"Se considera maltrato entre escolares, las conductas de maltrato [*sic*] e intimidación, discriminación entre estudiantes de una comunidad educativa. Asimismo, genera entre quien ejerce violencia y quien la recibe una relación jerárquica de dominación-sumisión, en la que el estudiante generador de maltrato vulnera en forma constante los derechos fundamentales del estudiante receptor del maltrato, pudiendo ocasionarle repercusiones en su salud, bajo rendimiento en su desempeño escolar, depresión, inseguridad, baja autoestima, entre otras consecuencias que pongan en riesgo su integridad física y mental."

El maltrato entre escolares es generado individual y colectivamente, cuando se cometen acciones negativas o actos violentos de tipo físico, verbales, sexuales, o a través de los medios tecnológicos, sin ser éstos respuestas a una acción predeterminada necesariamente, que ocurren de modo reiterativo prologándose durante un periodo y que tienen como intención causar daño por el deseo consciente de herir, amenazar o discriminar por parte de uno o varios estudiantes a otro en el contexto escolar.[1]

▶ *Tipos de violencia en el acoso escolar* (bullying)
La violencia tiene diversas formas de manifestarse que dependerán en gran medida de la situación en que se presente. Existen diversas clasificaciones, de las cuales citamos dos:

Clasificación 1
Física. Incluye patadas, empujones, golpes con las manos, escupitajos, mordiscos y cualquier agresión que atente contra la integridad corporal de la persona, así como acciones humillantes como bajar los pantalones, jalar la ropa, tirarlos a los botes de basura, entre otros. Es el tipo de violencia más popular, ya que es fácil de detectar.

Verbal. Se refiere a amenazas, insultos, burlas sobre la indumentaria, el aspecto físico, la raza, el origen étnico, algún defecto o anomalía visible, una singularidad del habla o de la conducta.

Social. Es una forma de discriminación grupal fomentada por el agresor hacia la víctima. Se puede manifestar ignorando a la niña, niño o joven acosado, negándole el saludo, aislándolo o generando rumores que afecten su imagen.

Psicológico. Se refiere al acecho, a los gestos de desagrado, desprecio o agresividad dirigidos a la víctima.[2]

▶ *Rasgos característicos de los involucrados*
En este entorno escolar afectado por el acoso escolar (*bullying*), varios son los implicados: instituciones, padres de familia, maestros(as) y alumnos(as); sin embargo, tres son los sujetos directamente involucrados: la víctima, el agresor(a) y el espectador(a), que a continuación describiremos:

---

[1] Guía del taller "Prevención del acoso escolar (*bullying*)", Secretaría de Seguridad Pública, Dirección General de Prevención del Delito y Participación Ciudadana, agosto de 2012.

[2] *Idem.*

Agresor(a). Es quien ejerce la violencia, el abuso o el poder sobre la víctima. Suele ser fuerte físicamente, impulsivo, dominante, con habilidades sociales que le permiten manipular, realiza frecuentemente conductas antisociales y no siente culpa con la conducta acosadora que ejerce.

Víctima. Es quien sufre las agresiones. Suele ser una persona tímida, insegura, excesivamente protegida por los padres, en desventaja física respecto del agresor, con limitadas habilidades sociales.

Espectador(a). Es un compañero(a) que presencia las situaciones de intimidación y puede reaccionar de distintas maneras: aprobando, reprobando o negando la agresión.[3]

✔ A la víctima que se harta, se desborda y en ese momento actúa, le cae todo el rigor de la ley. Al agresor no le pasa nada, porque éste se mueve en la impunidad debido a esta máscara de líder. La sociedad reconoce los líderes, no importa si eres temido y odiado o admirado y querido. ¿No seguimos hablando de Hitler? ¿No seguimos hablando de Gengis Kan? ¿No seguimos hablado de Alejandro Magno? En el mundo del *bullying*, al que le aplauden y al que invitan a la fiesta es al "bully", a la víctima nadie lo quiere invitar. Eso imprime mayor complejidad porque los propios agresores no nada más están reforzados y reconocidos por el propio grupo, o ese microambiente, sino además, cuando se quieren bajar del barco, no los dejan bajarse.

Francisco de Zataráin,
fundador y presidente de la Fundación contra el Bullying AC

✔ Hay una frase que se usa mucho en este tema, diríamos que casi es *vox populi*: "Castigamos aquello que no hemos sido capaces de prevenir como sociedad". Cuando un adolescente entra en conflicto con la ley, implica esencialmente que sus derechos mínimos,

---

[3] *Idem.*

los más básicos, han sido violentados. Si recuperamos en estas historias las diversas privaciones que han tenido desde "¿para qué ir a la escuela?" y ya no querer continuar, incluso que se pueda entender por parte de la familia que "no hay problema, ya no estudies, puedes hacer otra cosa", forma parte precisamente de las condiciones de exclusión de precariedad social que conlleva a que muchos adolescentes no tengan muchas perspectivas de un proyecto de vida.

Tres temas clave en este asunto: primero, cómo el Estado en general enfrenta serias dificultades para poder garantizar la protección integral de niños, niñas y adolescentes, y cómo eso los deja en una condición de desprotección. Esta carencia de proyecto de vida sería una segunda clave: hasta dónde los adolescentes pueden desarrollarlo. Un niño de 10 años en esta época tiene toda la posibilidad de imaginarse un futuro, es decir: quiero ser abogado, quiero tener un negocio... Ese tipo de profesiones un niño pequeño ya las puede dimensionar con tranquilidad. El gran desafío o la pregunta es hasta dónde su familia cuenta con las condiciones necesarias para llevarla a cabo y, si no las tiene, hasta dónde el Estado participa en ayudarle a generarlas o incluso, en sentido contrario, hacerle perder la posibilidad de tenerlas.

El tercer componente que nos llevaría a entender un poco la pertinencia de ciertas acciones es el sentido de la participación de esos jóvenes como sujetos de cambio, como sujetos históricos. Usualmente, y éste es un tema de nuestra cultura, pensamos en aquellos niños que están en conflicto con la ley desde dos extremos: en víctimas de todos los males, o en victimarios, cuando en realidad lo que las estadísticas nos dicen es que los adolescentes en conflicto con la ley no representan ni el 3% de todas las personas detenidas a nivel nacional. Si éste es un promedio bastante general en el mundo, la participación de adolescentes en hechos delictivos es mucho menor comparada con el mundo adulto. Regresamos, por tanto, al tema de no reconocerlos como sujetos de cambio, sino como depositarios de todos los males o como responsables de ellos. Esta representación extrema de verlos como víctimas o victimarios es muy común y, en el caso de los que han entrado en conflicto con la ley, lo obvio, lo rápido, es responsabilizarlos a ellos como sujetos.

JUAN MARTÍN PÉREZ GARCÍA,
consultor internacional en derechos de la infancia

¿Alguna vez imaginaste que las historias de *bullying* pudieran terminar en muerte?

❑ Nunca pensé que algo que parecía un juego se convirtiera en algo grave.
❑ Siempre pensé que los bulleados debían sentirse muy mal, pero no tanto como para morirse.
❑ Creo que la indiferencia de los demás los mata un poco todos los días en vida.

Visita:
Contra el *bullying*
http://contraelbullying.org/

Contar su historia una y otra vez

POR ALE DEL CASTILLO

El caso estaba cerrado, Jaime quería irse a casa y esperaba una resolución. A cambio recibió una sentencia del juez: medida de internamiento por homicidio clasificado; cuatro años, seis meses.

Sentía gacho y no pudo contener las lágrimas, Jaime tenía fe en que dirían: "Que se vaya a la calle, él no fue, en todo el proceso ya se vio", pero eso no sucedió. "No manches, ¿por qué no?, ¿por qué a mí?", se preguntaba sin sentido una y otra vez.

La neta es que Jaime no merecía estar ahí. Miró a su padre y le dijo: "No, pus ya ni modo, ya ni modo, ¿ya qué podemos hacer?"

El proceso de Jaime había durado cinco meses y medio, casi seis, cuando fue trasladado a la comunidad de San Fernando a cumplir su penitencia. Después de la sentencia metió una apelación, pero no quería que le redujeran la condena, deseaba su libertad absoluta, se aferraba a su inocencia.

Jaime pidió hablar con la magistrada, algunos de los jóvenes en proceso evitaban hablar con ella, pero Jaime no. Aaprovechó para decirle por qué quería salir y le explicó sobre la falsedad de la acusación.

La magistrada lo miró y preguntó:

—¿Estás seguro que tú no fuiste?

—Estoy seguro —contestó Jaime con certeza—, por eso vengo a hablar con usted.

La magistrada lo miró.

—No pus, la neta, la verdad, vengo con mucho respeto a pedirle que me dé una oportunidad, porque pus... yo no fui. No tengo nada que hacer aquí y la verdad no es justo que yo esté aquí.

—¿Qué es justo? —preguntó la magistrada con aquella voz ronca que la caracteriza.

—Lo justo es que estén pagando los que fueron —replicó Jaime.

—Sí, pero... —lo miró mientras pensaba hasta que se animó a proseguir— ¿has visto la película de *Presunto culpable*?

—No —Jaime no sabía a qué venía al caso esa pregunta.

—A ti te pasa algo como eso.

—No, la verdad no la he visto.

—Para no alegar más, te voy a dar tu libertad absoluta...

Jaime sintió esperanza y la magistrada aclaró:

—Pero si no te encuentro culpable; si te encuentro culpable te vas a quedar a pagar lo que sentencié.

—Sí, sí, sí —Jaime se apresuró a contestar con toda confianza—, estoy de acuerdo con el trato que usted me está proponiendo. Si usted me encuentra culpable yo me quedo a pagar lo que usted me dijo y hasta ahí.

Jaime volvió a confiar en su inocencia. Se imaginó libre, pensó empezar de nuevo lejos de todo, donde nadie lo conociera.

—Te voy a mandar llamar en 12 días —concluyó la magistrada.

"Neta sí me voy. Ya, ya me voy", pensó Jaime emocionado y así se lo comunicó a su abuela y a su tía.

Pasó un día y luego otro. Al decimosegundo día Jaime sentía miedo y emoción, quería saber el desenlace de la historia. Se levantó temprano y se bañó para estar listo cuando lo llamaran, esperó todo el día y nadie lo llamó.

Pensó que estaba tardando la resolución mientras se obligaba a no perder la esperanza. El tiempo continuó su curso privado de la libertad.

"Chaaaa, ¿ahora qué pasa?", se preguntó derrotado, ¿qué fue lo que salió mal? No hubo respuesta, hasta que días después lo citaron para ir a juzgados; supo entonces que las cosas no marchaban como él lo esperaba.

—Vienes aquí a que te notifiquemos —le dijeron.

El solo escuchar la palabra *notificación* parecía una sentencia para Jaime.

—El juez dijo que te vas a quedar, no te puedes ir —le informaban en los juzgados—, no hubo cambios en la sentencia.

Jaime se enojó y enfrentó a gritos:

—¡No manche!, ¿cómo va a ser eso? A mí tráigame las pruebas de que yo fui, y sin estar alegando yo pago lo que me están sentenciando, pero quiero las pruebas, la neta. A mí me dijeron que me iban a llevar con la magistrada y jamás me llevaron y hasta ahora me están notificando.

La petición de Jaime no fue escuchada, su coraje y su rabia parecían no tener sentido para nadie.

—Quiero hablar con la magistrada —pidió Jaime— para preguntarle cuáles fueron las pruebas que me encontró ella y yo la neta me quedo a pagar lo que me están sentenciando. Quiero que me dé las pruebas para que yo las vea y diga: "Yo sí fui".

—No te enojes, a mí me mandan a que te notifiquemos —le respondieron.

—Sí, pero yo no he visto ni a un juez ni a nadie que me diga: "Mira, acá están las pruebas. Tú fuiste, ahí está el cuchillo y ahí están tus huellas" —suplicó Jaime ante la indiferencia.

"Yo creo que está mal, está mal —se repetía—; hasta que me llame la magistrada yo voy a estar seguro de lo que es". Jaime se inundó de tristeza. Pensó: "Hasta que vaya con la magistrada para que le diga que ya vi la película y que me pasa algo igual, quiero comentarle que no es justo que los culpables estén afuera. Debo decirle cómo está la corrupción de los policías, nomás agarran por agarrar, la neta".

Jaime pensó que la magistrada cumpliría su palabra y nunca esperó que se echara para atrás. Un mes después Jaime fue trasladado a la Comunidad de Tratamiento de San Fernando.

Jaime tiene 17 años y su vida cambió un 15 de septiembre. Aquel día celebrarían las fiestas patrias y el cumpleaños en la casa de la abuela, como era costumbre. En medio de los preparativos se escuchó el sonido de algunas sirenas de policía, así que se asomaron para saber qué pasaba en el barrio.

Las patrullas estaban al principio de la calle donde se ubica la casa de Jaime y luego se estacionaron justo frente al domicilio. No venían solos, los acompañaba una familia que llegó buscando a dos de los tíos de Jaime señalando que ellos habían matado a uno de sus familiares.

La familia se espantó, llegaron a gritos y sin ninguna orden. Comenzaron a buscar por la casa hasta que la abuela alterada comenzó a cuestionar:

—¿A quién buscan?

Entre grito y grito ahí nadie se entendía. Lo cierto es que buscaban a dos de sus hijos.

—Ellos no están aquí, no han llegado desde la mañana —contestó la abuela.

—¿Nooo? ¡Cómo no! Los han de tener escondidos —respondieron.

—Pus pásenle para que vean que no están y para que se vayan de aquí porque na'más están asustando a mi familia —gritó la abuela.

Fue así como todos entraron en la casa a revisar: la familia del muerto, la policía y un personaje que por su actitud parecía judicial, pues portaba un traje y llevaba un arma en la mano.

Buscaron por todo el inmueble y no encontraron a nadie, entonces sentenciaron:

—¡Esto no se va a quedar así! —amenazaron al salir de la casa.

Todos en casa de la abuela de Jaime permanecían espantados. Trataron de calmarse. Pasados algunos minutos la policía, el judicial, los familiares del muerto y una persona nueva regresaron a la casa, entraron y esta vez no pidieron permiso.

Todos estaban en la cocina preparando la comida. Jaime era el único varón entre niños y mujeres.

—¡Aquí deben estar! —insistieron—. ¡Aquí están!

Hurgaron por todos lados y la persona que no habían visto hasta ese momento, miró a Jaime y gritó:

—¡Él fue, él también fue!

—¿Yo fui de qué? —expresó Jaime mientras sostenía en sus brazos a uno de sus primos más pequeños.

—Tú también estabas ahí con ellos —le contestaron a gritos.

—No manches, yo no sé ni de lo que estás hablando. ¿De qué me estás acusando? —preguntó Jaime.

—Él fue —insistieron al señalarlo.

—Yo no fui —se defendió mientras trataban de agarrarlo—, ¿a mí por qué me han de estar llevando?

—Nada más va a ir a declarar —le explicaron y lo engañaron.

Jaime se resignó. "Voy a ir a ver qué", pensó.

Subieron a la familia de Jaime a la patrulla y el "judicial" comenzó a insultar a Jaime:

—¡Te la vas a mamar, puto! ¡Tú vas a ser el pagador! —amenazó—. Ahorita tú vas a poner a esos güeyes porque si no... tú te la vas a comer solo.

—Pero pus yo no sé ni de qué me estás hablando.

—No importa, tú te la vas a mamar.

—No, tú no te preocupes, ahorita todo va a salir bien —intervino la madre de Jaime ante los gritos y la amenaza.

Llegaron a la delegación y comenzaron el interrogatorio con él.

—¿Cómo se llaman tus familiares?

Jaime desconocía lo que habían dicho los que lo acusaban y si sus familiares eran realmente culpables de lo que ahí se les acusaba, de todas formas respondió.

—Danos sus apodos —le exigieron.

Jaime no supo qué contestar.

—Ahorita vemos qué hacemos contigo —y llevaron a Jaime a los separos.

La madre de Jaime se acercó preocupada a preguntar sobre la situación, entonces la señalaron también como cómplice del homicidio y en ese momento la detuvieron.

En medio de la tensión, Jaime y su madre pudieron hablar un poco:

—No se preocupe, mamá... ahorita... ahorita nosotros salimos, pus no hicimos nada. Seguro nos dejan ir.

Lo siguiente que supieron fue que estaba por llevarse a cabo el traslado de la mamá de Jaime a la Centro Femenino de Readaptación Social Santa Martha Acatitla como cómplice de homicidio.

El padrastro de Jaime intervino para tratar de arreglar las cosas en la delegación con un trato. Los judiciales le pedían 35 000 pesos.

—Sí se los vamos a dar, pero pues déjenos ir a mi hijo y a mí —pidió la madre en la negociación.

—Se va su hijo, se queda usted; se va uno u otro, no los dos —fue la única respuesta que recibieron.

—Vete, mamá —intervino Jaime—, yo al rato salgo. No te preocupes, tú vete.

—No te preocupes, hijo, voy a tratar de hacer lo posible por sacarte de aquí, ahorita voy a ver qué hago.

Mientras tanto presenciaba cómo certificaban a Jaime y entendía que seguía involucrada en la acusación, y desde ese momento su estatus era de prófuga y eso la hacía sentir mucho miedo.

Al día siguiente, Jaime fue trasladado a la agencia 57 del Ministerio Público especializada en asuntos del menor. Ahí pasó por nuevos interrogatorios en los cuales le pidieron nombres y ubicaciones; en pocas palabras, querían que "pusiera" a los responsables del homicidio.

—¿Yo por qué tengo que estar aquí? Yo no sé, y si supiera dónde están, les digo.

—¡Tú ponlos, güey! ¿Dónde están? Los están buscando en la colonia y no los encuentran.

Siempre pensaron que Jaime les mentía. Fue entonces cuando llamaron por teléfono a su familia para presionar.

—Que se entreguen, porque si no, nos vamos a llevar a Jaime al consejo de menores.

—Él no fue —respondía la tía de Jaime por el teléfono—. ¿Por qué lo tienen ahí? Si no hay pruebas, ni nada.

—Es que lo acusan a él.

Momentos después trasladaban a Jaime al consejo para iniciar su proceso. Luego vinieron las audiencias y los careos, en los cuales Jaime sostenía su inocencia y apelaba a su libertad.

—Tú y yo sabemos que yo no fui, yo no sé por qué me estás acusando —exponía Jaime en los careos al hermano del occiso.

—Tú estabas ahí.

—No manches, tú sabes igual así como yo sé que yo no fui —insistía en los careos con los elementos policiacos—. La neta no sé por qué andas inventando tantas mentiras. Fuiste a mi casa, te metiste y ahora me dices que me agarraste en la calle; no manches, eso no es cierto.

Varias veces Jaime tuvo que enfrentar los cambios de declaraciones que hacían en su contra, en alguna ocasión lo ubicaron intentando huir después del homicidio.

El proceso de Jaime avanzaba y parecía que todo se complicaba. Fue llamado a los juzgados y cuando se presentó tenía la esperanza de que el "judicial" con el que iba a carearse no llegara; con el paso del tiempo y las investigaciones supieron que aquel día no intervino ningún judicial.

Jaime miró a lo lejos y una cara le pareció familiar. Al principio pensó que era algún licenciado que venía apoyarlo.

—¿Cómo estás? —le preguntó el personaje de rostro "conocido".

—Más o menos.

—¿Cómo te ha ido?

—Más o menos, ya sabe, ¿no? —contestó Jaime desesperanzado.

—¿Cómo va tu caso?

—Más o menos, nomás falta que el pinche judicial no se presente, ni se va a presentar porque ya me dijo mi familia que ni es judicial.

—¿Cómo? Pues si soy yo —contestó el personaje de rostro conocido— soy yo, canijo —reiteró.

—¿Tú? —le dijo Jaime sorprendido—. ¡No manches!, tú no eres.

Eso pasaba mientras el personal de los juzgados les indicaba que no podían estar hablando entre ellos.

Jaime entonces reconocía al personaje como el oficial que le quitó los tenis y las agujetas en la delegación.

—No manches, tú ni fuiste —volvió a reclamar Jaime—, ¿qué tranza?, ¿qué te dieron o qué? —cuestionó con reproche.

—Yo sí te agarré. Te agarré cuando te ibas a echar a correr.

—No es cierto, no manches —reiteró Jaime—. A ver si es cierto: dime cómo me agarraste.

—Yo te vi como a 20 metros en la calle, estabas por la carretera. Te vi y te agarré.

—No manches, si por mi casa no hay carretera… son subidas, no es una avenida, sólo son subidas.

El oficial guardó silencio hasta que le preguntaron:

—¿Nos puede decir cómo es la casa del acusado?

Ante no tener una respuesta clara y concreta, se limitó a decir:

—No quiero declarar nada, nada más aclaro que él fue a quien agarré.

Pasaron las audiencias y los careos, el oficial se sostenía, Jaime trataba de defenderse una y otra vez. Cuando se terminaban las audiencias, Jaime insistía en preguntar si había posibilidades de irse. La respuesta siempre fue negativa.

Así recibió la sentencia: medida de internamiento por el delito de homicidio calificado con una condena de cuatro años, seis meses. Ahí empezó la verdadera lucha de Jaime.

Jaime sabe que no hay pruebas, afirma que su caso es como el de aquella película que la magistrada le mencionó y que luego consiguió para ver. Todavía se cuestiona cómo es posible que sin pruebas hubiera recibido una sentencia que lo privara de su libertad.

Jaime apeló para conseguir su libertad absoluta, había visto ya varios casos en San Fernando donde algunos de sus compañeros incluso aceptaban su culpabilidad y de cualquier forma conseguían su libertad en absoluto. Se preguntaba cómo era posible que la gente que sí comete los delitos se fuera libre y los inocentes no.

En todas las audiencias Jaime trató de defenderse con la verdad y con conciencia de la inexistencia de pruebas, excepto por la acusación directa que se hacía en su contra.

Jaime sintió que nadie en el juzgado había revisado bien sus papeles y que nunca tomaron en cuenta sus palabras. Ya no podía confiar en nadie, ni en la licenciada a la que le fue asignado su caso, la misma que prometió ayudarle y se olvidó de él por meses.

Pasaron cuatro meses y medio cuando volvió la abogada con un papel para que firmara un amparo.

Una semana después, cuando Jaime vio a la litigante, la abordó:

—Hola, licenciada, ¿se acuerda de mí?

—¿Quién eres? —cuestionó la abogada sin reconocer el rostro del menor.

—Soy Jaime, el del caso de amparo —mientras confirmaba que se había olvidado de él aunque sólo había pasado una semana desde la última vez que lo vio.

—Perdón, es que tengo muchos casos aquí —titubeó mientras empezaba a revisar los papeles que traía a la mano.

—Seguro que ni hacen algo para ayudarme, ¿verdad? —preguntó Jaime—, porque pues de tantos que tiene… mejor me hubiera dicho que no iba a poder porque tenía mucho trabajo, le hubiera dicho a mi familia que se empezaran a mover.

A Jaime le dio el bajón. "No voy a salir de aquí", pensó. Deseó que sus tíos se entregaran porque él nada tenía que estar haciendo ahí.

Mientras Jaime ha sido privado de la libertad, se aplica en San Fernando; va a certificar la secundaria y acude a sus talleres de cartonería y música. Ahora está aprendiendo a tocar el violín. Piensa que los reportes pueden ayudar a que descubran que es un chico inocente.

Jaime ahora es otro, sabe que se ha maleado entre personas con las que convive. Afirma que ahora conoce muchas cosas que antes no sabía ni que existían.

"Me vine a malear aquí, la neta —expresa resignado—; es lo que vienes aquí a hacerte. En vez de componerte te descompones, sales más descompuesto de aquí. Aquí no te vas a componer jamás."

"Aquí muchos cuentan de acá... matar, de armas, de robos... de cómo hacerle. Todo eso te lo vas grabando en la mente, al menos yo no lo haría al salir, pero muchos no piensan como yo; piensan: 'Ah, pues ya escuché y a ese güey sí le está yendo chido y ahora que salga voy a hacerlo eso'."

Desde el día de su aprehensión, Jaime no ha vuelto a ver a su madre porque tiene miedo de que también la agarren; sólo lo visita su abuela y su tía.

Piensa que la libertad es algo chido; algunos de sus compañeros dicen: "El encierro me ha enseñado que vengo a valorar" y se siente todavía peor cuando piensa que él no tiene nada que valorar, porque apreciaba a su familia y respetaba el trabajo que tenía en un restaurante.

Jaime considera que la justicia en México está muy mal y que decir la verdad no funciona porque a él nunca le ha servido expresarla. No tiene la esperanza de salir y siempre deseó que alguien lo entrevistara para que otros conocieran su historia. Ahí está su única esperanza, por eso no demora en contar su vivencia una y otra vez.

▶ El documento La Convención sobre los Derechos del Niño de las Naciones Unidas en el tema de "Los derechos del niño en la justicia de menores" (2007) versa lo siguiente en su apartado de dignidad.

La Convención contiene un conjunto de principios fundamentales relativos al trato que debe darse a los niños que tienen conflictos con la justicia:

- *Un trato acorde con el sentido de la dignidad y el valor del niño.* Este principio se inspira en el derecho humano fundamental proclamado en el artículo 1° de la Declaración Universal de Derechos Humanos, en el sentido de que todos los seres humanos nacen libres e iguales en dignidad y derechos. Este derecho inherente a la dignidad y el valor, al que se hace referencia expresa en el preámbulo de la Convención, debe respetarse y protegerse durante todo el proceso de la justicia de menores, desde el primer contacto con los organismos encargados de hacer cumplir la ley hasta la ejecución de todas las medidas en relación con el niño.

- *Un trato que fortalezca el respeto del niño por los derechos humanos y las libertades de terceros.* Este principio está en armonía con la consideración que figura en el preámbulo de que el niño debe ser educado en el espíritu de los ideales proclamados en la Carta de las Naciones Unidas. También significa que, dentro del sistema de la justicia de menores, el trato y la educación de los niños debe orientarse a fomentar el respeto por los derechos humanos y las libertades (artículo 29 1 b) de la Convención y Observación general núm. 1 sobre los objetivos de la educación. Es indudable que este principio requiere el pleno respeto y la aplicación de las garantías de un juicio justo, según se reconoce en el párrafo 2 del artículo 40 (véanse párrafos 40 a 67 *infra*). Si los principales agentes de la justicia de menores, a saber los policías, los fiscales, los jueces y los funcionarios encargados de la libertad vigilada, no respetan plenamente y protegen esas garantías, ¿cómo pueden esperar que con ese mal ejemplo el niño respete los derechos humanos y las libertades fundamentales de terceros?

- *Un trato en el que se tenga en cuenta la edad del niño y se fomente su reintegración y el desempeño de una función constructiva en la sociedad.* Este principio se debe aplicar, observar y respetar durante todo el proceso de trato con el niño, desde el primer contacto con los organismos encargados de hacer cumplir la ley hasta la ejecución de todas las medidas en relación con el niño. Todo el personal encargado de la administración de la justicia de menores debe tener en cuenta el desarrollo del niño, el crecimiento dinámico y constante de éste, qué es apropiado para su bienestar, y las múltiples formas de violencia contra el niño.[1]

▶ En el mismo documento, en su apartado "La presunción de inocencia", se desarrolla:

La presunción de inocencia es fundamental para la protección de los derechos humanos del niño que tenga conflictos con la justicia. Esto significa que la carga de la prueba de los cargos que pesan sobre el niño recae en la acusación. El niño del que se alegue que ha infringido las leyes penales o a quien se acuse de haber infringido esas leyes tendrá el beneficio de la duda y sólo se le declarará culpable de los cargos que se le imputen si éstos han quedado demostrados más allá de toda duda razonable. El niño tiene derecho a recibir un trato acorde con esta presunción, y todas las autoridades públicas o de otro tipo tienen la obligación de abstenerse de prejuzgar el resultado del juicio. Los Estados parte deben proporcionar información sobre el desarrollo del niño para garantizar que se respete en la práctica esa presunción de inocencia.

Debido a falta de comprensión del proceso, inmadurez, temor u otras razones, el niño puede comportarse de manera sospechosa, pero las autoridades no deben presumir por ello que sea cul-

---

[1] La Convención sobre los Derechos del Niño de las Naciones Unidas, 2007.

pable, si carecen de pruebas de su culpabilidad más allá de toda duda razonable.[2]

▶ En el apartado "El derecho a ser escuchado" se recomienda:

No hay duda de que el derecho de un niño de quien se alegue que ha infringido las leyes penales o a quien se acuse o declare culpable de haber infringido esas leyes a ser escuchado es fundamental para un juicio imparcial. También es evidente que el niño tiene derecho a ser escuchado directamente y no sólo por medio de un representante o de un órgano apropiado, si es en el interés superior del niño. Este derecho debe respetarse plenamente en todas las etapas del proceso, desde la fase instructora, cuando el niño tiene derecho tanto a permanecer en silencio como a ser escuchado por la policía, el fiscal y el juez de instrucción, hasta las fases resolutoria y de ejecución de las medidas impuestas. En otras palabras, debe darse al niño la oportunidad de expresar su opinión libremente, y ésta deberá tenerse debidamente en cuenta, en función de la edad y la madurez del niño (art. 12 1), durante todo el proceso de la justicia de menores. Esto significa que el niño, para poder participar efectivamente en el procedimiento, debe ser informado no sólo de los cargos que pesan sobre él (véanse párrafos 47 y 48 *infra*), sino también del propio proceso de la justicia de menores y de las medidas que podrían adoptarse.[3]

● Cerca de 6 000 menores de edad son acusados en el Distrito Federal cada año ante la procuraduría; 4 000 son sujetos a procesos judiciales, 3 500 están sujetos a medidas externas para cumplir sus sanciones. En el centro de San Fernando hay unos 500 adolescentes internados.[4]

---

2 *Idem.*

3 *Idem.*

4 "Jóvenes infractores en México: en el olvido de la justicia", *Vanguardia*, 20 de agosto de 2010, recuperado el 15 de abril de 2013, http://www.vanguardia. com.mx/jovenesinfractoresenmexicoenelolvidodelajusticia-533744.html.

✔ La importancia del Estado como garante del acceso a la justicia no tendría que ser un hecho circunstancial o una especie de regalo, sino un elemento básico de la vida de cualquier persona, en este caso, de niños, niñas y adolescentes.

Cuando enfrentamos como sociedad la experiencia vivencial de darse cuenta de que el sistema de justicia no es necesariamente lo que en realidad tendría que conformar, lo que hacemos es *revictimizar* a estos chicos. En psicología hay un principio conocido como la "desesperanza aprendida" y esto implica que para estos niños, niñas y adolescentes pensar en una lógica de justicia termina siendo algo no solamente discursivo, sino algo alejado de su realidad. Esto justifica, en muchas acciones, volver a violentar la ley, porque se parte del momento que si no tuvo justicia en su propia vida, pues no tiene sentido pensar en la justicia como algo abstracto. Aquí, entonces, se da un fenómeno cognitivo, pues ellos pueden llegar a parecer insensibles respecto a la agresión a otra persona, por ejemplo, el robo. En realidad, lo que están haciendo es cosificar el acto, literalmente, quitarle el carácter emocional a la acción para resolverlo sólo en su expectativa de logro, es decir, "no es que yo haya quitado a alguien el dinero que era resultado del esfuerzo de su quincena y va a afectar a su familia. Eso no importa, eso no lo conceptualizo, sino que yo ahora tengo dinero para comprar un reloj, comprar tal o cual cosa". Es ahí donde pierde significancia el impacto en la vida de los otros, porque el valor de justicia no está colocado o no está interiorizado, ya que no lo ha podido vivir. Entonces el daño que hacemos como sociedad y el que después se hace con sistemas de tratamiento que no son apropiados, como uno de los casos refiere: "aquí vine a malearme más", cuando ellos tienen la sensación de vivir una experiencia mucho peor de la que ellos tenían, nos da cuenta de que no se tenía ninguna posibilidad de hacerles justicia.

El hecho de que un adolescente no tenga la posibilidad de sentirse protegido por las instituciones, por su familia, por su comunidad, lo va a llevar a pensar en una lógica de la inmediatez. Esta inmediatez puede significar un nicho de oportunidad: hay muchos casos de adolescentes en conflicto con la ley que vieron la "oportunidad", decidieron tomar el riesgo y los detuvieron. Esa oportunidad puede traducirse en 20 pesos, un teléfono celular o, como está documentado en los casos, la implicación de amigos con los que no se alcanza a dimensionar este riesgo.

Hay varias cosas que son efectivas para la prevención: primero, buscar que los adolescentes estén el mayor tiempo posible en el sistema educativo; más años de escuela permiten ir construyendo una vida comunitaria, tanto en el aula, como en su entorno, en su región, que les da elementos de protección.

Segundo, cómo hacemos que en este contexto de permanencia en el sistema educativo también puedan tener acceso a otras oportunidades o desarrollos, por ejemplo, niños y niñas que su familia puede ser beneficiaria de algún programa de transferencia económica como "Oportunidades", o las becas que se dan para estimular la permanencia en la escuela.

Ese tipo de apoyos animan mucho; tal vez no es lo deseable, pero dan pequeños estímulos o insumos para lograr la permanencia.

El tercer elemento central, y lamentablemente el más complicado en nuestro país, es lograr que estos adolescentes puedan sentir al Estado como su protector. Esto se da en los casos en donde se documenta, por ejemplo, la agresión escolar. En este caso es obvia la presencia de la violencia escolar: hay una relación directamente proporcional entre violencia escolar y ausencia de autoridades. Esto no significa castigos, ni persecución, ni golpes; implica que la autoridad tiene un rol dentro de la comunidad escolar para hacer respetar ciertos valores y ciertas normas de convivencia. Cuando la autoridad renuncia a esa tarea, en este caso como gestor, acompañante y constructor de valores y una ética social, entonces se da una lógica de contexto grave.

En el documento *Infancia Cuenta* 2011 hicimos un estudio de violencia contra niños y niñas en todo el país, y logramos encontrar documentos de la propia Secretaría de Educación Pública (SEP) que plantean que hay una relación directamente proporcional entre violencia alrededor de la propia comunidad escolar, es decir, el barrio, y la violencia que sucede dentro de las escuelas.

En la medida en que los adolescentes se sientan partícipes de la solución de los problemas y no solamente desprotegidos porque la autoridad y el Estado en su conjunto no lograron hacerse presente, en esa proporción estamos encontrando mayor riesgo o mayor ventaja, digamos, en que los jóvenes puedan sentirse vinculados.

JUAN MARTÍN PÉREZ GARCÍA,
consultor internacional en derechos de la infancia

**¿Consideras que vivimos en una sociedad justa,
libre de violencia?**

❑ No, la justicia está mal entendida desde lugares como la casa, la escuela, el trabajo y las instituciones.
❑ Considero que existe una crisis moral que nos impide definir con claridad las diferencias entre lo bueno y lo malo.
❑ La justicia es un tema que a nadie importa.

Visita:
Red por los Derechos de la Infancia en México
http://www.derechosinfancia.org.mx/

Supernova

Por Ale del Castillo

En un país donde la libertad parece no valer nada, los menores de edad son el objetivo común para ponerle precio a la propia.

Un adulto comete un crimen y establece un trato con un menor de edad: unos pesos por intercambiar culpas y libertades. El menor acepta.

La justicia los arrincona. El menor se declara culpable, el adulto se libera de toda culpa. El menor enfrenta un debido proceso jurídico del que se librará en unos meses, el adulto sigue delinquiendo libre por ahí. El menor cumple el trato y permanece internado en el mejor lugar para aprender sobre el poder y la injusticia.

José Luis *Supernova* estaba frente a la luz roja de un semáforo. El pie puesto en el acelerador esperando el verde mientras miraba que un vehículo de la policía acechaba su camino. Fue incapaz de acelerar hasta que sintió por detrás el golpe de la patrulla y decidió arrancar.

Esos metros a toda velocidad le valieron para ver en cámara lenta su día pasar. Se levantó de la cama antes al mediodía en la colonia Doctores, sin saber si era lunes, jueves o domingo. Desayunó y la comida no le supo a nada en especial. Escuchó el chiflido desde la calle y la banda lo llamaba.

Era un día de suerte. Tres de sus amigos habían robado un auto con todo y conductor incluido. Era un Beetle rojo, ganancia segura.

No lo pensó y aceptó la misión. Sus compas, de los que aprendió a hurtar, traían buena mercancía.

—Si nos cae la bronca... ¿qué tranza?, ¿tú te la echas? —le preguntó uno de ellos.

A José Luis le brillaron los ojos, le ofrecían 10 000 pesos por hacerse responsable del robo si los atrapaba la policía. A Pedro, Aldo y Toño no les convenía la responsabilidad, los tres como mayores de edad podrían pasar en la cárcel hasta 16 años; en cambio José Luis, con sus 17 años, saldría pronto por ser menor de edad, tal vez sólo pasaría unos meses encerrado. Para violar las leyes con toda rectitud, hay que conocerlas y ellos las conocen bien.

Le prometieron 10 000 pesos, con los que pensó comprar una motocicleta chocada que iría arreglando. El trato también incluía que le llevaran dinero a su mamá para que lo fuera a visitar. A él le pareció un buen negocio y aceptó. Volvió a soñar un poco con lo que compraría con aquella suma monetaria y luego sonrió.

Tomó su arma, una 25 recortada que consiguió por 8 000 pesos en Tepito porque la tenían arrumbada. Corrió suerte porque no estaba quemada; cuando las armas están quemadas ya han sido disparadas, y comprar una de esas es como echarse un volado. Para adquirir una pistola en el barrio bravo tepiteño no te piden ni la edad.

Nunca usó el arma: si los transeúntes se ponían locos a la hora del asalto, los calmaba con unos cachetadones, y si eso no funcionaba, pues para eso estaba la pistola. José Luis no era nuevo en esto, debe haber asaltado a 50 personas y robado unos 16 autos. El reto parecía sencillo.

Supernova es tan alto como un adulto y de puntitas casi alcanza la mayoría de edad; su rostro es el de un niño y mientras cuenta su historia sonríe como un chiquillo emocionado que acaba de hacer una travesura. Cuesta trabajo comprender que la misma persona que es capaz de apuntarte con un arma, también te puede hacer reír.

Subió al auto y se puso al volante; el plan era el siguiente: primero tendrían que deshacerse del dueño del Beetle rojo que permanecía en el interior del vehículo con la boca sellada con cinta *gaffer* y atado de manos y pies, o de "pescadito", como le dicen ellos. Luego llevarían el auto a Venta de Carpio, al final de la avenida Central, en la periferia de la ciudad de México. Ahí se encargarían de quitarle las placas y chocarlo para posteriormente, desvalijarlo. De un automóvil como esos sacan el valor del motor y de las piezas para vender, no más de 20 000 pesos.

El dueño del Beetle iba "bien vestido" y tenía entre 40 y 50 años de edad. José Luis no sabe si estaba asustado o no, él sólo le iba poniendo en su madre. Procuró no verlo a la cara, ¿pa' qué?

Manejó hasta el Gran Canal, detuvo el coche para aventar al dueño por ahí a ver si alguien lo ayudaba. Se bajó, le abrió la puerta y muy educado le dijo:

—Véngase para acá, señor —lo bajó y lo dejó sentadito sobre la acera.

El asaltado intentó decir algo con todo y la boca sellada, José Luis interpretó una mentada de madre y entonces sí, decidió darle un patadón. Las patrullas ya estaban tras de él, subió al Beetle y un la luz roja lo detuvo. El alto más grande de su vida.

El impacto de la patrulla contra él le dio la señal de arranque y le metió pata al acelerador. Dos cuadras le duró la huida antes de estamparse con un poste. Lo primero que sintió fue un chichón enorme en la frente, resultado de la colisión con el parabrisas. Los policías le cayeron, le quitaron la pistola y lo subieron a la unidad policial entre guamazo y guamazo.

Adentro del referido vehículo oficial no tardó mucho en darse cuenta que los seguros de la parte de atrás no estaban puestos. No lo pensó dos veces y salió huyendo para intentar abrirles la puerta a sus valedores que se hallaban en otra patrulla.

Luego corrió, pensó que alguno atrás dispararía, pero eso no sucedió. Pensó que si corría rápido la libraría porque bien sabe que los *polis* no corren. Pensó: la cárcel o acá afuera. Lo volvió a pensar y se detuvo… ni modo que dejara a sus compas atrás cuando había prometido echarse la culpa. Lo habían dejado solo… aun con ello, hay días que los hombres deciden tener palabra y ése era uno de ellos.

De la otra patrulla nadie se bajó. Uno se apendejó, el otro no pudo por un pie lastimado y el último decidió no salir de la unidad. Desde la comodidad de sus asientos, Pedro, Aldo y Toño miraron cómo dos camionetas de refuerzo llegaban para atrapar a José Luis; observaron también que lo trataron como un pinche raterote de primera. Cuatro policías entre golpes y patadas se encargaron de él y va de nuevo pa'rriba de la patrulla.

—Yo fui, ora sí es mi bronca —les dijo a las autoridades.

Ahí dejaron en la calle a sus amigos y sólo se llevaron a José Luis a la delegación correspondiente. El camino estuvo lleno de golpes.

En la delegación le esperaban intensos interrogatorios para sacarle la sopa. Lo metieron a un cuarto, con un foco y tres sillas. Por cada interrogatorio entraban dos oficiales vestidos de negro y con la cara cubierta para evitar ser reconocidos; su espectacular imagen es como la de los anuncios de la Policía Federal Preventiva (PFP). Les llaman *tiburones*, protegen su identidad y así también aseguran que nadie pueda identificarlos como torturadores.

—¿Para quién robas? —le preguntaban a gritos.

—Pues para nadie —respondía y a continuación le caía un guamazo.

—¿Te sientes muy loco? ¿Te crees muy verga para andar robando?

Y ya sin responder, venía un patadón o un mazapanazo.

Fueron cinco interrogatorios de dos horas cada uno. Todos le preguntaban lo mismo una y otra vez, ahí no había creatividad.

—Era para mí, era para mí —José Luis volvía a responder.

No se salvó de que lo condujeran al baño y le metieran la cabeza a un tambo lleno de agua. Lo dejaban ahí hasta que empezaba a ahogarse y otra vez preguntaban.

—¡Déjame toser primero! —les decía José Luis cuando ya le habían propinado otro patadón en la panza u otro golpe donde fuera.

Del agua, no recuerda si estaba limpia o sucia, él cerraba los ojos y convenía consigo mismo no recordar.

—¿Para qué robas si sabes que eres bien pendejo? Te fueron a agarrar estampándote —decían mientras se burlaban de él.

—Pues ya me agarraron, ya qué queda —respondía envalentonado pensando que llegaría al tutelar.

En el último interrogatorio había una *tiburona*, la recuerda como la más manchada de todos. Lo agarraba a cachetadas sin piedad. Era bonita, alta y flaquita. Todo ese traje de tiburón no lograba esconder sus ojos azules y los rasgos finos de su cara. Hasta ella le hizo las mismas preguntas.

—Ya mejor llévenme a donde me tienen que llevar —trataba resignado de acortar sus horas de interrogatorio, hasta que por fin dijo la verdad—: Al chile, sí robo pero esta vez no era para mí.

La verdad tampoco importó.

—Entonces, ¿por qué te agarraron arriba del carro?

—Neeel, a mí ni me agarraron, yo apenas iba pasando — José Luis cambiaba su versión para ver si así las cosas pintaban diferente.

Los interrogatorios terminaron al acercarse la media noche. En esos momentos, José Luis se enteraba de que la parte acusadora había dicho en la delegación que no quería saber nada al respecto; aun así, el adolescente seguiría su proceso. Se le acusaba de robo de auto, secuestro exprés y robo a transeúnte.

La madre de José Luis se mantenía pendiente desde que le avisaron sus amigos que su hijo estaba en la delegación.

—¿Por qué te agarraron? —preguntó la mamá, mientras miraba su rostro hinchado y su cuerpo adolorido.

—Por robo de auto.

—¿Y sí fuiste?

José Luis titubeaba en contestar, sabía que si aceptaba la culpa se olvidaba de su madre desde ese mismo momento.

—No fui —contestó—, lo que sí, es que me agarraron porque sí.

—Pues ya vemos ahorita —contestaba su progenitora resignada.

Aquel desayuno al cual no le dio importancia en la mañana, había sido como su última cena antes de empezar el encierro. Moría de hambre y sólo le quedaba esperar. Pasaron dos días más en los que no comió nada porque a su madre nunca le permitieron ingresar el alimento que le llevaba.

Pasada la media noche del tercer día, le informaron que sería trasladado al Consejo Tutelar para Menores Infractores de la colonia Narvarte. Su mamá lo esperaba afuera con un festín gastronómico.

—Toma tu torta y tu *boing* —le dijo la autora de sus días.

José Luis salivaba pensando en ese pan partido a la mitad que incluía un trozo de carne y le estorbaban las esposas para recibirlo.

—Pues agárrela, ¿no? —le dijo *Supernova* al policía que lo custodiaba.

—No soy tu cargador —contestó con sarcasmo el custodio.

—Entonces quíteme las esposas, pues ¿cómo quiere que la agarre? —reclamó el adolescente.

—No soy tu cargador —repitió de nuevo el custodio.

—¿Pues entonces para qué anda agarrando si no va a ayudar? —reclamó exigiendo un poco de apoyo y la garantía de su torta.

—Yo no te mandé a que seas pendejo para que te agarraran —se burló.

José Luis le mentó la madre y tuvo que esperar hasta llegar al tutelar para ser desesposado y correr a atragantarse aquella torta de milanesa que le supo a la salvación misma.

Le esperaban tres días más de encierro en el consejo tutelar. No pasó hambre porque su mamá le llevó de comer puras tortas; ninguna le supo como la primera.

Ahora moría de sueño. Durante esos tres días no pegó el ojo por ningún motivo, compartía el espacio con otros menores de edad y pernoctaban en literas. El que se arriesgaba a dormir corría la suerte de perder la ropa y los zapatos.

En esos días con sus noches en vela, fue testigo de cómo a uno de sus compañeros le quitaron los tenis para dejarle unos peores.

José Luis recordó que en su tenis, debajo de la suela, conservaba un poco de mota; la sacó y la compartió con los que estaban a su alrededor. Todos fumaban y echaban el humo por los agujeros de las paredes. Pensó en hacer eso antes de que lo trasladaran, porque ahí ya no podría ingresar la hierba.

Él confiaba en que saldría de ahí pronto, hasta que le avisaron que lo trasladarían al tutelar.

—No me sacaron, ya me quedé aquí contigo —le dijo José Luis a uno de los *tiburones*.

—¿A poco sí te sientes bien acá? —le preguntó el *tiburón* y no dudó de nuevo en golpearlo.

Los *tiburones* se sienten invencibles, creen que todo ese negro que llevan encima les garantiza el anonimato. Alguna vez a uno de ellos le cobraron la factura al salir de su jornada laboral, cuando uno de los menores infractores lo esperaba en las calles para enterrarle un picahielos. El final de aquel *tiburón* es desconocido, lo que sí se sabe es que su agresor ya llevaba ocho homicidios.

Supernova fue traslado a una comunidad de diagnóstico en lo que se resolvía su proceso. Quince días duró su estadía y mientras él pensaba que saldría pronto; le informaron que sería trasladado a la correccional de San Fernando en Tlalpan.

Al arribar a este último lugar se encontró a uno de su calle, quien lo apadrinó; eso le evitó a *Supernova* ser tratado como a cualquier chico de nuevo ingreso. Nadie lo tocó, no recibió golpes y nadie puso a su cargo los deberes con los que se autorregulan las comunidades de menores infractores. La pequeña cuota que pagó fue barrer un día, nada más.

Sus primeras noches las pasó en el dormitorio uno, donde se encuentra el muro de "los incorregibles", correspondiente a los chicos que llevan más de un ingreso y que son considerados como leyendas. Ahí estaban los nombres del *Bolillo*, *el Ligas*, *el Pelón* y el más famoso de los Gárgola, entre otros.

Después de una semana en el dormitorio uno, fue trasladado al siete; cada uno de dichos aposentos se divide por las características de sus integrantes. Según la categorización de *Supernova*, en el dormitorio dos hay puro "bomberito", son los más pequeños y chaparritos; no por ello los más débiles, ya que son "los más aferrados", su bravura no es cuestión de tamaño ni de edad.

En el dormitorio tres habitan "los costra"; "son los mugrosos… puros de la calle; son los más tranquilos", describe *Supernova*.

En el cuatro hay "puro mamado que hace ejercicio"; en el cinco "puro chamaco que estudia, que es de casa"; en el seis están "los más pesados, como se hace decir". En este último "el guía les pega; muchos no quieren llegar ahí, es el dormitorio que tiene más problemas".

El dormitorio siete es "el medio pesado", es donde duermen los que "son manchados" y ya tienen reingresos.

Ahí compartía el espacio con *el Gárgola*. Le dicen así porque en su primer reingreso le tocaba dormir en el baño por la sobrepoblación en la comunidad, y los que duermen como él también son llamados *Gárgola*, pero él es el más famoso. Llegó a la correccional desde los 14 años y hasta ese entonces tenía 12 reingresos; ya considera "la corre" como su casa. No tiene familia, nadie por quién ver y mucho menos alguien que vea por él. La primera vez que salió en libertad sólo duró 10 días en la calle, ahora no duda en decir: "Ésta ya es mi vida, me late estar aquí adentro".

En el mismo dormitorio, *Supernova* compartiría espacio con los violadores, a quienes se dedicaba a pegarles; le decían que era "manchado" y los guías se encargaban de alentarlo a que se "curtiera" con ellos y que siguiera golpeándolos.

Un "curtizado" equivalía a un golpe en la cara con la mano abierta. En aquel momento su oponente se resistió, no deseaba pelear, así que con todo el enojo por haber sido golpeado antes de llegar a "la corre" decía: "Pues va, ¿por qué no?" Lo tiró de un trancazo e hizo que se levantara a punta de patadas. Luego lo amarró y lo secuestró, le puso unos "solerazos" y con ello demostró que era manchado, así adquirió respeto entre la comunidad de su dormitorio.

"Yo tuve siempre en la mente: 'Si a mí me pegaron, ¿por qué yo no voy a pegar? Si a mí me maltrataron, ¿por qué yo no los voy a maltratar?' Todo lo que me hacían, pues yo lo hacía, ya me quedé con eso en la mente", confiesa *Supernova*.

Los guías promueven la violencia y su permisividad también se traduce en protección y cuidado para los internos.

Supernova y su "manchadez" lo convirtieron en un "privilegiado": no tenía que levantarse a pasar lista a las cinco de la mañana como todos, cuando comía era de los primeros en recibir los alimentos y una de sus actividades era golpear a los chicos de nuevo ingreso.

En el tutelar descubrió que la droga cruzaba las paredes adentro de pelotas huecas de frontón que lanzaban desde la calle con instrucciones precisas de los turnos en los que los custodios "se prestan a la mamada" y no pasa nada. Incluso algunas mujeres aprovechan su cualidad genérica para transportarlas.

Al interior la droga no se vende pero es una moneda de cambio muy útil, la intercambian por dinero, ropa, madejas de hilo y chanclas, entre otras cosas.

Si en el tutelar *Supernova* descubrió que le gustaba pelear, "la corre" se convertiría en un ring de pelea todo terreno.

Ahí ubicó a un chico que pertenecía a la pandilla de Barrio 18, originario de Chiapas, que tenía los brazos cubiertos de charrasqueadas, las famosas cicatrices largas y abultadas que se infligen ellos mismos como una manifestación que exige respeto.

Aquel pandillero permanecía esposado en la celda de castigo y sólo lo liberaban para comer. Estaba ahí por robo a transeúnte y homicidio, pero era sabido entre ellos que se dedicaba a descuartizar personas.

Lo miró con las charrascas en la cara y pensó: "Es un tirote ese chamaco", y se aventó a pelear con él. De dos o tres putazos el chiapaneco lo dejó en el suelo. *Supernova* no paraba de reír, se levantaba y decía: "Va otra vez", de ahí que se ganara el apodo del *Guasón*; él lo disfrutaba y no duda en señalar: "Me latía trenzarme con ese güey".

Así aprendió a pelear y dar los mejores golpes. El chiapaneco de un solo puñetazo los dejaba en el piso. Dicen que desde los 10 años "anduvo de pura *mona*" y que la calle lo hizo "correoso".

Los golpes y las carcajadas no los convertían en enemigos; por el contrario, los hacían más compañeros. Cuando el pandillero tenía comida, lo jalaba; si poseía droga, también. Cuando peleaban bajo el cuidado de los custodios, *Supernova* esperaba a caer al piso y no se echaba para atrás, comenzaba a reír y se rifaba de nuevo para que todos disfrutaran el enfrentamiento. "Me latía cómo me pegaba", dice *Supernova* con una sonrisa, aunque de un golpe le haya roto una muela.

La adrenalina de los enfrentamientos los dejaba con el cuerpo tembloroso, lleno de furia, de rabia; algunos no podían esperar la siguiente pelea.

En los dormitorios se encargaban de emular los torneos de la caricatura de *Dragon Ball Z* cuando las bolitas para seleccionar a sus oponentes se convertían en papelitos o en bolas de billar. Hecha la selección, buscaban a sus pares en los otros dormitorios para "curtirse" entre ellos a pura mano abierta. Cachetada y cachetada, con las mejillas marcadas por las palmas se aguantaban el dolor para seguirle.

En la correccional, *Supernova* no se salvó de la celda de castigo en cuatro ocasiones; la quinta se la ganó después de que la directora le preguntó:

—Tú ya llevas cuatro veces que vas a la celda de castigo. ¿De qué se va a tratar?

—¡Qué le importa! —contestó *Supernova*—, pinche vieja fumada.

—¿A mí qué me importa?, pues va… vas tres días a la celda de castigo —ordenó la directiva.

En la celda de castigo le tocaba que lo pusieran a bailar, les retiraban las chanclas y hacían correr el agua hasta que todo el piso estaba mojado. De alguna parte sacaban unos cables y dejaban correr la electricidad. Todos saltaban, parecía que bailaban. Luego algunos se agarraban de las rejas como changuitos para mantener los pies alejados del piso, entonces los cables llegaban a las soleras para que todos se soltaran, ahí no había ni para dónde correr.

Las noches en "la corre" no eran sencillas. Algunos toman medicamentos para dormir o para disminuir su ansiedad. *Supernova* no estaba medicado pero tuvo que comprar fármacos para poder dormir.

A veces la televisión era buena compañía y aprovechaban el sistema de cable para ver pornografía. Cada dormitorio tiene un estéreo y un televisor. El precio por prenderlo y mirarlo consistía en pagarle al guía recibiendo un cachetadón. Después del golpe podían ver tanta tele como quisieran.

En cada dormitorio hay 24 tumbas para dormir, a veces daban las cinco de la mañana y "los cabrones seguían despiertos", eso impedía que los demás pudieran conciliar el sueño y también el miedo los mantenía despiertos. Cuando alguien logra encontrar el sueño profundo, los "pastean" y así sus ojos terminan cubiertos de pasta dental o en medio del sueño viven los "tsunamis" cuando les jalan el colchón y los tiran de las tumbas al piso, si bien les va.

En otras ocasiones aprovechan para llenar las cubetas con agua, meados o lo que sea, y son despertados con un chapuzón. Adentro de "la corre" parece que nadie ve.

A *Supernova* le tocaron dos muertos, "les enterraron una solera en la panza". Desconoce las razones de los asesinatos y pese a que hay revisiones a cada rato, los chicos se las ingenian para esconder las soleras con punta para atacar o defenderse.

La cara de los internos se ve triste y a veces no es tanto la tristeza como que viven "agüitados" por el encierro. En ocasiones parecen drogados, pero es sólo la tristeza.

En "la corre", *Supernova* regresó a la escuela, se dio cuenta de que muchos de sus compañeros estudiaban y le daban importancia a la actividad; eso lo animó.

Anteriormente abandonó la escuela cuando cursaba segundo de secundaria, después de que lo encontraran fumando mariguana en uno de los baños con 14 de sus compañeros. Tras ser sorprendidos su reacción fue invitar al maestro de matemáticas a consumir la hierba.

Había conseguido la mota en las "casitas de cartón" de su barrio, donde pagaba 25 pesos por una bolsita que rendía para "cinco toques". Después de aquel incidente llamaron a sus padres. Todos los que fumaron con él aquel día lo señalaron y después de la amenaza de expulsión su mamá argumentó: "Ya si quiere córralo". Y así *Supernova* estuvo los dos años siguientes sin escuela.

En su estadía en "la corre", *Supernova* aprovechó para tomar un taller en electrodomésticos; después de concluir le dieron una constancia para poner un negocio afuera. Aquel diploma fue el primero que recibió en toda su vida.

Ahora se instruye en el Instituto Nacional para la Educación de los Adultos (INEA) donde le esperan 12 libros y piensa meterse a estudiar en la delegación. Todavía mantiene la esperanza de cursar la universidad.

A los tres meses de estancia en "la corre" le charrasquearon tres veces los brazos, con ello quedaba marcado como "corregendo". Todos afuera sabrían que había pasado por la correccional.

Su proceso determinó que estaría interno en San Fernando durante cinco meses y le perdonaron un año. Alcanzó beneficios por ser menor de edad y así salvó a alguien de pasar hasta 16 años en el reclusorio.

Mientras *Supernova* soñaba con salir y comprar una moto para restaurarla con el dinero del trato, los 10 000 pesos que le ofrecieron por cubrir el delito se convirtieron en pasajes para su mamá, hilos, pan, camisas y chanclas. La fianza también corrió a cargo de su madre.

La vida dentro de "la corre" fue sencilla. No le hacía falta nada y el grado de respeto que consiguió lo hacía sentir satisfecho. Se "la estaba viviendo bien".

Tenía una tumba para él solo, comía las veces que quisiera, tenía sus "lavadoras" a su servicio. Vio la oportunidad de salir de la correccional y lo pensó mucho. Afuera tendría que trabajar, adentro nadie le pedía nada y hacía lo que él quería; a los guías los trataba como "sus perros" y ya ni les hacía caso.

Así que le dijo a su "jefa":

—Ya no me venga a ver, mejor así déjelo —dijo *Supernova* aceptando que estaría año y medio preso—. ¡Al chile, sí me late estar acá adentro!

—¡Estás bien pendejo!, ¿cómo prefieres estar adentro? —lo cuestionó— Ya mejor decide si te quieres quedar o mejor te vas, porque todavía estás a tiempo para poderte quedar —le advirtió su madre.

Una semana su mamá faltó a la visita y él se sintió "más encarcelado". A la semana siguiente llegó su madre y le dijo: "Te vas para la calle".

Pronto lo mandaron a la celda de castigo para que no le hicieran nada en su sección, entonces *Supernova* empezó a azotar puertas y exigió: "¡Me quiero ir a despedir!" Le autorizaron regresar a su dormitorio asumiendo la responsabilidad de que probablemente lo golpearían, pero eso no sucedió.

—¡Cámara, ya me voy para la calle! —les dijo *Supernova* a los de su sección.

—¿No que te querías quedar aquí toda tu vida? —le reclamó alguno de sus compañeros.

—Me quiero quedar, pero la calle es la calle, carnal...

Fue así como repartió todas sus cosas, a un *sayayín* apodado *el Balazo* al que veía acabado y por tal razón le dejó sus dos pares de tenis, sus 16 *pants*, sus calcetas y sus camisas.

Sintió "culero" dejar todo atrás, pensó en "todas sus rajadas de madre" y en todo el trabajo que le había costado llegar a ese nivel y luego recapacitó: "Ya ni modo, mejor la calle".

De vuelta a la calle hace su vida y ya no se junta con nadie. Los amigos por los que dio la cara han cambiado mucho y dicen que harán su vida por la derecha.

Es sabido que en su barrio hay muchos más como él que cubren condenas de mayores de edad, entre ellos un chico de 14 años que se llevó 50 000 pesos por hacerse responsable de un robo a un negocio y estuvo sólo dos meses en custodia.

Ahora en libertad, *Supernova* sólo debe firmar durante ocho meses. Le gustaría dedicarse a ser sonidero, a mezclar música y vivir de la fiesta. Y aunque no sabe bailar, bromea con la idea de dedicarse a conectar autoestereos para luego robarlos. Si el sonidero no es la opción, también le gustaría ser piloto.

▶ El documento La Convención sobre los Derechos del Niño de las Naciones Unidas en el tema de "Los derechos del niño en la justicia de menores" (2007) hace las siguientes recomendaciones en su apartado de dignidad:

– *El respeto de la dignidad del niño requiere la prohibición y prevención de todas las formas de violencia en el trato de los niños que estén en conflicto con la justicia.* Los informes recibidos por el Comité indican que hay violencia en todas las etapas del proceso de la justicia de menores: en el primer contacto con la policía, durante la detención preventiva, y durante la permanencia en centros de tratamiento y de otro tipo en los que se interna a los niños sobre los que ha recaído una sentencia de condena a la privación de libertad. El Comité insta a los Estados parte a que adopten medidas eficaces para prevenir esa violencia y velar por que se enjuicie a los autores y se apliquen efectivamente las recomendaciones formuladas en el informe de las Naciones Unidas relativo al estudio de la violencia contra los niños, que presentó a la Asamblea General en octubre de 2006 (A/61/299).[1]

● Una investigación del Centro de Investigación y Docencia Económica (CIDE) en 2009 indica que uno de cada tres sentenciados en cárceles había estado preso o internado en una institución para menores infractores. En ese análisis se menciona que 40% de la población interna tiene entre 18 y 30 años.[2]

● Las principales faltas por las que los menores infractores llegan ante el ministerio público son, en primer lugar, robo, con 38%;

---

[1] La Convención sobre los Derechos del Niño de las Naciones Unidas, 2007.

[2] "Jóvenes infractores en México: en el olvido de la justicia", *Vanguardia*, 20 de agosto de 2010, recuperado el 15 de abril de 2013, http://www.vanguardia.com.mx/jovenesinfractoresenmexicoenelolvidodelajusticia-533744.html.

le siguen las faltas administrativas, con 35%; contra la vida, la integridad y la seguridad de las personas, 12%; contra la salud, 6%; contra la integridad y libertad sexual, 4%; y el resto se debe a diversos delitos.[3]

● Los datos:

- Uno de cada tres sentenciados en cárceles ya había estado internado en una institución para menores infractores.
- 40% de la población interna en los reclusorios tiene entre 18 y 30 años de edad.
- 30% de los menores infractores comete su segunda felonía antes de cumplir 18 años.
- 38% de los menores infractores que llegan ante el ministerio público cometieron robo.
- 3 000 menores de edad han sido detenidos durante los diversos operativos del gobierno federal.[4]

✔ La "teoría de cambio" se compone de tres elementos básicos.

El primero es que, en el caso de un adolescente que está en riesgo o ya incluso está en conflicto con la ley, habríamos de incorporar en su vida nuevas personas vitales, en el más profundo sentido de la palabra, en los temas sensibles como en lo emotivo, en lo que tiene que ver con la perspectiva de futuro, con el desarrollo físico y el potencial creativo... Estas nuevas personas ayudarían a enriquecer y a potenciar esas habilidades.

Un segundo tema es ampliar y generar espacios de participación. Todos estos espacios con los que cuentan niños, niñas y adolescentes se convierten en elementos muy ricos de construcción de su personalidad, de construcción de expectativas de futuro, fortalecen las formas de contrastar opiniones, de entender la diversidad, de incorporar reglas sociales. Los espacios de participación

---

3 *Idem.*
4 *Idem.*

son algo fantástico en términos de su beneficio para la sociedad. Lamentablemente, los estimulamos poco.

El tercer elemento tiene que ver con la creación de redes sociales positivas. En muchos momentos buena parte de los adolescentes en conflicto con la ley en realidad están bastante aislados, solos: un adolescente, un niño, como en el caso que se plantea, al final toma la decisión de quitarse la vida. Lo que esto nos dice es que en el fondo él no tenía otros espacios de interlocución, otros espacios en los cuales contrastar su preocupación y eso lo lleva a tomar una decisión de ese calibre. Por eso es que esas redes sociales positivas abrirían nuevos escenarios de desarrollo, nuevos desafíos, incluso, nuevos problemas, entendiendo con ellos que el conflicto no es negativo, sino que forma parte de nuestra vida. Nadie crece ni se desarrolla sin conflicto. La diferencia estriba en la elaboración: en antropología se conoce como "antropología de la experiencia" donde ellos plantean, en sentido muy sintético, que los dramas humanos se elaboran y se convierten en experiencia, cuando esto sucede es cuando aprendemos.

Cuando no tenemos la oportunidad de elaborar ese drama personal, social o comunitario, nos quedamos entonces en una vivencia cognitiva que está dando vueltas sobre sí misma. De ahí la importancia de que esas nuevas redes sociales ayuden a que un adolescente que está enfrentando cualquier clase de conflicto pueda tener otros contrastes, relativizar su problema y entender que no es tan real o tan fatal lo que está viviendo.

JUAN MARTÍN PÉREZ GARCÍA,
consultor internacional en derechos de la infancia

¿Confías en las instituciones de justicia?

❑ Debería confiar en ellas, pero no.
❑ El sistema de justicia mexicano funciona sólo para beneficiar a unos cuantos.
❑ Espero nunca recurrir a una institución de justicia.

Visita:

Centro de Denuncia y Atención Ciudadana (Cedac)
http://www.pgr.gob.mx/servicios/mail/cedac.asp
Tel. 01800 0085 400

DESPLAZADOS POR NARCOTRÁFICO

Ahorita llegan los pinches *zetas*

Por Moisés Castillo

I

Todo conspiraba para señalar a Juan Manuel como un enemigo de la suerte. Estaba en su casa terminando de hacer un tatuaje de un jitomate enojado sobre la piel blanca de su prima Bety. En pocos minutos se encontraría con su amigo Tony para *pistear* en su casa, escuchar música y escapar de un sábado caluroso.

Pero unas cuadras antes de llegar a la cita recibió una llamada:

—¡Juanma! ¿Qué haces?, ven a mi fiesta de cumple, me enteré que andabas por acá —dijo Renata emocionada.

—Sí, sí, ¿pues dónde es?

El cotorreo estaba cerca del cantón de Tony, por lo que le propuso toparse en la *party*, echarse unas cheves y luego seguir con el plan perfecto. Llegó al bar del hotel La Última Tentación y no dejaban de correr los tragos y las chicas en bikini. Su amiga había rentado el bar y la alberca para festejar sus 27 años. Darse un chapuzón es una costumbre regia para sobrevivir a los veranos asfixiantes. Eso de salir a una fiesta ya no estaba *cool*, pero ya estaba ahí felicitando a la cumpleañera.

A los 10 minutos irrumpió un grupo de policías federales y el desconcierto entró en la mente de los jóvenes que bailaban desperdigados una rola de The Rapture. La música se apagó de golpe y sólo se escuchaba el sonido del agua porque los uniformados comenzaron a sacar a todos de la alberca. En pocos minutos 30 chicos temblorosos ya estaban contra la pared. Los federales comenzaron a buscar droga entre las bolsas y la ropa, en todos los rincones, hasta que alguien dijo: "¡Jefe, aquí hay algo!"

Un agente "chaparro" mostró una pequeña bolsa de plástico con mariguana, algo así como 40 pesos de mercancía. Además hallaron dos pipas y papel arroz para los *churros*. De inmediato el comandante del "operativo" ordenó que se llevaran a todos a la delegación policiaca. "Trepen a estos drogos a las camionetas", mandó el jefe que portaba unas gafas oscuras.

"Para la mala suerte de todos había un güey que sí tenía mota. Es una total pendejada ahorita cargar hierba en Monterrey. A pesar de lo que está pasando hay gente terca y pendeja con su idea de 'a mí no me van a cortar mi jale'", explica enojado Juan Manuel.

II

Estaban sentados en el piso en un salón pequeño y oscuro. Mientras un *poli* les decía: "Qué pendejitos se vieron", les soltaba una patada en las costillas, los zapeaba o les jalaba el cabello. Juan Manuel se mareó al sentir mucho calor, su playera estaba sudorosa y ya no podía mantener las piernas dobladas. Vio a un par de chavas llorando todavía con el cabello húmedo. Oía pequeños cuchicheos y, sin duda, todos estaban cagados de miedo. "¿Por qué fui? ¿Por qué fui?", se recriminaba. Quería que se pudriera todo de una vez y no esperar como perros enjaulados.

Después los trasladaron a una especie de cárcel que olía a meados. Les tomaron fotos y huellas dactilares. Un *poli* comenzó a alardear: "¿Quién es el bueno de la mota aquí? ¡Sobres, putos! ¡No se hagan güeyes!" Los cuerpos de los chavos se encogieron temerosos. Otros tres federales se carcajeaban y escupían: "Ahorita van a llegar unos pinches *zetas* por ustedes y se los va cargar la verga".

Toda la noche los estuvieron violentando física y psicológicamente: groserías, trancazos y cachetadas. Por fin dejaron que hablaran por teléfono a un familiar para que los visitaran y los ayudaran a escapar de ese lugar horripilante. Ingresó una comitiva de familiares y fue todo un teatro montado: el comandante de las gafas oscuras informó a los padres que en la fiesta habían asegurado medio kilo de mariguana y que era un delito grave. Así que todos serían trasladados a un penal.

Juan Manuel veía a señoras angustiadas llorando por la noticia. Un agente que los cuidaba se burlaba de ellos: "¡Jajaja, ya se los atoraron, jajaja!" Y comenzó la extorsión oficial: "Es muy grave lo que hicieron pero nosotros les podemos ayudar".

El comandante pidió a cada familiar entre 5000 y 10000 pesos para dejar en libertad a sus respectivos hijos. En una hora, poco a poco salieron los jóvenes pero antes les hicieron firmar una declaración ministerial donde aceptaban que tenían pequeñas dosis para consumo personal. Repartieron el medio kilo de droga plantado entre los 30 detenidos. Ese día los policías federales se embolsaron más de 200000 pesos.

"Hay de dos: que el dueño del hotel ya tenía todo arreglado o dio el pitazo. Y al final se repartieron la lana. O la otra es que los policías ya tengan amenazado al hotelero para hacer ese tipo de chingaderas como su paga."

III

Juan Manuel daba clases de pintura en una escuela privada y le salían clientes que deseaban tatuarse alguna parte del cuerpo. También era *dj* en fiestas, le gustaba poner electrónico y música experimental. Su vida transcurría feliz pero en las aulas sus alumnos comenzaban a platicar historias de extorsiones, secuestros, balaceras… y eso le generó un ruido irritante.

No era sano recordar el caso de los federales y no sabía qué hacer con el dolor ajeno. Se volvió una persona paranoica, empezó a encerrase en su cuarto, le daba miedo caminar por las calles y sentía impotencia de ver que su vida cotidiana se tornaba insípida. Dicen que la paranoia produce soluciones y a veces ilumina zonas que la razón deja oscuras. Y el artista plástico de 29 años decidió huir de los plomazos para empezar de cero en la ciudad de México.

"Llevaba una vida normal, como que no batallábamos. De repente te truncan toda tu vida, ya no puedes hacer nada. Venir acá y sentir que en el DF las cosas funcionan, es un gran alivio. Hay condiciones para generar proyectos. Aquí la gente no se imagina que Monterrey se murió."

Al principio sus padres no estaban convencidos de la decisión de su hijo pero al ver que la violencia subía y subía comprendieron que no había otra solución. Además, le entristece el momento de incertidumbre y el caos que les ha tocado vivir a los chavos de 15 a 18 años que no pueden salir a divertirse por temor a una desgracia. Si quieres cotorrear debes ser compa de Los Zetas que dominan la plaza. Los chavitos de secundaria alaban a esos temibles narcos como si fueran unos dioses.

Su lugar favorito era el Barrio Antiguo, pero desde 2008 se convirtió en zona *zeta*. Los bares y antros tronaron porque no soportaron ejecuciones y extorsiones. Entrar ahí es respirar un aire putrefacto y los *reguetoneros* juegan con sus armas como si fueran juguetes nuevos.

El Iguana es el bar más emblemático, pero desde un par de años está en plena decadencia. Una noche, Juan Manuel estaba a punto de orinarse, no podía aguantarse más tiempo y no tuvo otro remedio más que ingresar al baño de ese lugar. Estaba repleto de morros metiéndose coca y en la entrada se hallaba un bato con una computadora y un pequeño cofre con mercancía vendiendo grapas como si fueran dulces.

Éste es el último recuerdo de Juan Manuel de aquel sitio emblemático para los jóvenes regios. Ahora vive con un amigo en Villa Coapa y procura consolarse de su exilio, de ese destierro que gusta llamar "mi *descielo*".

No puedo esperar a que me maten

Por Moisés Castillo

I

Las palabras le salieron como lava: "¡Ya valió madres!" Sus ojos no dejaron de mirar. El sol del mediodía caía como aceite hirviendo.

¡Pum, pum, pum! Dos gatilleros emboscaron a un Platina color arena en plena avenida Adolfo Ruiz Cortines en Monterrey, Nuevo León. El conductor salió a contrarrestar la lluvia de disparos que destrozaron la parte trasera del auto, pero su Beretta nueve milímetros no fue suficiente: una bala le perforó el cráneo.

Enseguida, el copiloto accionó su arma inútilmente porque decenas de tiros le deshicieron el pecho. Alguien más se deslizaba como serpiente sobre la banqueta, quería escapar silenciosamente de la escena sangrienta pero un hombre de casquete corto lo mató a quemarropa.

Un joven empleado del Seven-Eleven cayó en el tiroteo. Una bala perdida le despedazó el cuello al momento de tirar unas bolsas de basura. Roberto se quedó helado, se olvidó de que a su lado estaba su padre agachado a la altura del volante. Nunca había visto morir a alguien, mucho menos a tres con armas poderosas como la AK-47 que escupe 30 tiros en tres segundos o la *matapolicías*, que tiene el poder de atravesar un chaleco antibalas. Se asustó tanto que se orinó en los pantalones.

II

Roberto es un joven de 23 años y escapó de la espiral de violencia que aqueja a la Sultana del Norte. No quería esperar a la muerte que ya le pisaba los talones: su mejor amigo sufrió un secuestro exprés, su prima favorita fue víctima de un asalto con lujo de violencia, balaceras en los bares que frecuentaba, amigos extorsionados. En fin, la ciudad se convirtió en un campo de batalla entre cárteles de la droga.

Tiene casi dos años viviendo en la ciudad de México pero no duerme tranquilo porque su familia se quedó en el infierno. Don Luis es arquitecto y tiene que pagar "cuota" a los narcos para seguir construyendo un edificio de departamentos. El primer sábado de cada mes debe desembolsar 5 000 pesos para que la obra no pare y no les pase nada a sus trabajadores.

"Me tienes que dar ese varo si no te va a cargar la verga", le advirtió un chavo con pinta de *reguetonero*.

La gente que tiene un negocio pequeño o familiar irremediablemente acepta esa ley no escrita: "Plata o plomo". A las tintorerías, a las tiendas de la esquina, a las taquerías y demás comercios no les queda más que seguir las reglas del juego de las bandas del crimen organizado porque, de lo contrario, habrá sangre derramada.

"La extorsión es de las cosas más normales en Monterrey, por eso un chingo de negocios han quebrado. Otra cosa cotidiana es el robo de coches porque los narquillos no pueden andar con la misma nave por su seguridad. Lo que hacen es nada más bajarte de tu carro en un semáforo. Le quitan las placas y se lo llevan. Mucha gente ha muerto por oponerse."

Roberto estudió diseño industrial en el Centro de Estudios Superiores de Diseño de Monterrey (Cedim) y las narcoejecuciones cambiaron abruptamente sus planes. En la Semana Santa de 2011 fue a visitar a familiares y amigos, y le sorprendió que las calles estuvieran desérticas a las nueve de la noche. Le deprimió saber que en tan sólo cinco días mataron a 38 personas.

Aprovechando las vacaciones fue al parque Fundidora con unos cuates, recordaron viejos tiempos y de regreso a casa le llamó mucho la atención un BMW dorado. Era un lingote de oro con ruedas. Se le hizo extraordinariamente raro ver un auto con esas características. Acercó poco a poco su Chevy al auto extravagante, estaba impecable. Brillaba. De repente, vio al volante a un "chacuaco" que alardeaba con una pistola tipo escuadra y se dijo: "¡No, no mames!", y escapó de sus ojos rojos.

III

Sus padres están muy tranquilos de que su único hijo esté a salvo en el DF. Cuando salía de fiesta con sus amigos le llamaban a cada rato a su celular o era impensable que se quedara muy tarde, pero con la inseguridad preferían que se durmiera en la casa de algún conocido para que no se arriesgara en las calles.

"Ahorita a las 9:30 te dicen: 'No, pues quédate, no hay problema'. Y antes tenías que llegar a güevo a dormir a la hora que fuera."

Roberto vive en un pequeño departamento de la colonia Roma con su novia. Da talleres de arte sonoro en la Universidad Nacional Autónoma de México (UNAM) y cursos en el Centro Nacional de las Artes. En sus ratos libres es *dj* en tocadas tecno. Dice que no se puede comparar una ciudad con la otra. Antes decían que el DF era violento pero ahora los papeles se invirtieron, por lo menos para este joven regio.

A los 14 años de edad era un verdadero desmadre: fiestas en las calles, tocadas en casas, a veces había peleas con los cholos o "batos locos", pero era parte de la aventura y la experiencia de ser joven. Ahora esos morros traen pistola, *buchoncitas* —novias de los narcos— y autos de lujo. No pasaba de la madriza y que los talonearan con 100 varos. Si quieres comprar mota para un churro y estás con la persona equivocada en el lugar equivocado puede costarte la vida.

"Está supercabrón ser joven allá. Creo que pertenezco a la última generación que realmente pudo disfrutar la vida nocturna de Monterrey, echar desmadre por todos lados, en ciudades vecinas. Con la llegada del narco se fue todo al cagadero."

Ser joven en Monterrey es un fastidio

POR MOISÉS CASTILLO

I

Remove a bullet from my head / Extracting over confidence / Hidden so easy to pretend / Too bad the rush was found again... Cantaba Alejandro en su mente confundida. Era la rola "Three seed" de la banda californiana de rock Silversun Pickups y la coreaba siempre con su novia Paola. Vaya coincidencia: podría tener una bala en la cabeza. Le dolían mucho los ojos porque los mantenía cerrados con todas sus fuerzas. Aún sentía la punta de la pistola en el cuello. Sabía que en cualquier momento iba a morir. No lo podía creer.

Comenzó a recordar cómo fue su día, su último día: desayunó pan de mantequilla con crema de cacahuate, bebió café, tomó clases, escuchó música en su iPod, llegó a casa, durmió un rato, cenó con su chica unas hamburguesas. Se acordó de la gente a la que no pudo decirle adiós, le angustiaba no haberse despedido de su familia. Seguía cantando para olvidar por un momento que estaba secuestrado en su propia camioneta.

—¡Ya valiste madre, bato, aquí te vamos a torcer! —le advertía una voz potente.

—Por favor, déjenme; si quieren llévense la troca... —suplicó Alejandro con lágrimas.

—¡Cállate, cabrón!… No te preocupes, no va a pasar nada —dijo otro hombre un tanto nervioso.

El joven de 24 años pensaba lo peor: que los otros cuatro sujetos estaban violando a Paola o que la golpeaban sin descanso. Se sentía culpable por no impedir que se la llevaran de sus brazos. Estaba enterrado vivo. Amaba a su chava más que a nadie, más que a Dios, más que a su propia carne. No había salida.

II

El destino le estaba jugando una mala broma. Sólo iban a recoger a una amiga en el Barrio Viejo a las 10 de la noche, hasta que los interceptó un comando armado.

—¡Si no se paran los matamos! —amenazaron los criminales enseñando sus pistolas negras…

Bajaron a su novia y se la llevaron en un auto. Alejandro sintió que le habían arrancado una parte de su cuerpo. Forcejeó algunos segundos pero recibió un golpe por la espalda tan duro que lo dejó paralizado en el pavimento. A empujones lo subieron a su camioneta. Dos tipos lo acompañaban y pisaron el acelerador rumbo a la Plaza Marte, un parquecito que se ubica en pleno centro de Monterrey.

Transcurrieron seis horas y ya era la madrugada del 24 de octubre de 2010. Su cuerpo le dolía demasiado por estar tanto tiempo agachado en la parte trasera de la camioneta. Olvidó qué aspecto tenía, pero se sentía como un animal atrapado. Lo incorporaron y abrió los ojos. Veía borroso. Poco a poco su vista se restableció y pudo observar a los secuestradores; no rebasaban los 30 años de edad y vestían como cholos.

En ese lapso de seis horas que duró el cautiverio, los delincuentes condujeron a su chica a la casa de sus padres para que consiguiera 100 000 pesos. Cuando salió con el efectivo, ahí enfrente de ella, comenzaron a repartirse los fajos de billetes.

Miró el retrovisor y apareció Paola en la calle. Fue una extraña sensación de alegría. No se dio cuenta de que lloraba de felicidad. Nuevamente sintió varios puñetazos en la espalda pero ya no le dolían. Lo agacharon y se agarró el cuello con las manos entrelazadas. Pensó que lo iban a arrastrar hacia la calle y valdría madre. Sin embargo, escuchó la voz de su chica y pudo respirar: "Ya no hay pedo, vámonos". Los captores, antes de huir, gritaron: "¡Tienen cinco minutos para largarse donde quieran!" Sin pensarlo mucho, Alejandro y Paola se perdieron en la oscuridad de la calle.

En 15 minutos llegaron a la casa de Paola, pero en el trayecto no pudieron decirse nada. Estaban congelados. Querían despertar de esa pesadilla. Ella tuvo secuelas psicológicas y le aplicaron un tratamiento médico. Varios meses estuvo tomando Rivotril porque no podía controlar su ansiedad. Él, en cambio, estaba encabronado por no haber hecho nada para proteger a su novia. Necesitaba algo para reconciliarse consigo mismo. Aún no puede borrar de su mente el secuestro exprés, esa imagen aterradora que marcó su cuerpo.

Alejandro dejó hace un año la ciudad militarizada. Caminar por las calles era sombrío. No había un solo día que no se topara con un uniformado. La vida cotidiana de él y sus amigos se alteró a tal grado que ya no salían a fiestas o a divertirse como antes. Desde hace más de tres años se cancelaron las parrandas hasta las seis de la mañana: agarrar la nave y seguirla en una cantina de ficheras en Reynosa, Tamaulipas. Ahora salir de noche implica el riesgo de ya no regresar a casa.

Por ejemplo, el mítico bar Garage fue cerrado porque unos narcos "levantaron" a un morro de ese espacio alternativo. Lo secuestraron por vender dosis de droga en su territorio. Las balaceras y las ejecuciones se volvieron insoportables para Alejandro. Decidió emigrar al Distrito Federal tras graduarse en el Centro de Estudios Superiores de Diseño de Monterrey (Cedim). Paola se fue a estudiar una maestría a Barcelona y no sabe si algún día regresará.

"Ser joven en Monterrey es un fastidio. Los que se quedan tienen que resistir tanta tragedia. Me gustaría volver y ser activista, promover algún cambio. Pero la violencia se volvió imparable."

Tarantino podría hacer
muchas películas en Monterrey

Por Moisés Castillo

I

A Pablote de 34 años no sólo lo acribillaron afuera del Café Iguana, también se llevaron su cuerpo. Era jefe de seguridad del mítico lugar de rock desde hace 20 años. Un grupo armado rafagueó sin piedad la entrada del bar matando a cuatro personas y dejando varios heridos. Otra vez el Barrio Antiguo olía a pólvora. Camilo no sabía qué diablos pasaba. El griterío y los plomazos lo dejaron casi inmóvil. La gente corría como loca en todas direcciones y él no decidía si quedarse o salir como los demás.

El Café Iguana fue para muchos jóvenes regios un punto de encuentro y desencuentro, un lugar de música y camaradería. Para Camilo y sus amigos ya era su segunda casa: parecía que les pondrían falta si no iban por lo menos dos veces a la semana. Pero la ley del plomo se impuso.

El joven estudiante de teatro se retiró 20 minutos después de la balacera por temor a que regresaran los matones. A sus compas los perdió de vista. Al salir vio las paredes manchadas de sangre y el pavimento rojo con decenas de casquillos. Un cuerpo estaba tapado con una manta azul de los paramédicos. Los otros tres cadáveres fueron recogidos por el mismo grupo de pistoleros que, al poco tiempo, regresaron a la escena de la masacre. La calle Diego de Montemayor estaba de luto.

La policía local tardó mucho tiempo en llegar y no impidió que se robaran los cadáveres de las personas ejecutadas. Era la madrugada del 22 de mayo de 2011 y Camilo se sintió a la deriva. Pensó que se estaba pudriendo por dentro, tenía ganas de vomitar pero no podía. Por la mañana, el ex alcalde de Monterrey, Fernando Larrazabal, anunció la suspensión de ocho elementos policiacos con el fin de que fueran investigados y saber si estaban o no relacionados con el hurto de los cuerpos. Aún no se sabe nada de los difuntos.

A las seis de la tarde de ese fatídico domingo decenas de jóvenes se manifestaron frente al Iguana y exigieron "no más sangre". Una veladora en la banqueta tenía una leyenda con plumón negro: "Gracias por todo Pablote. You rock forever". Atte. Murdock.

II

Camilo tiene casi un año viviendo en el Distrito Federal por la colonia Del Valle. Dice que antes del Forum Universal de las Culturas Monterrey 2007 ya se reportaban en los noticiarios personas "encajueladas" o autos abandonados con gente mutilada. Pero notó que la violencia se recrudeció con la entrada de Rodrigo Medina a la gubernatura de Nuevo León.

"En 2009 empezó el desmadre, incluso ya nos habían dicho: si gana Rodrigo Medina se va hacer un cagadero. Dicho y hecho. Diario balaceras, secuestros, y si salías a las calles ya sabías que podía suceder alguna tragedia."

Las tienditas *zetas* comenzaron a levantarse en los parques y en plazas pequeñas. Morrillos ofrecían distintas drogas. La mota la vendían en bolsitas Ziploc en 30 pesos. En Halloween las adornaban con calaveritas o calabacitas, y en Navidad con Santa Claus o esferas multicolores.

A raíz del enfrentamiento abierto entre Los Zetas y el cártel del Golfo la inseguridad se disparó por todos lados. Surgieron banditas de delincuentes que aprovecharon la paranoia de las personas y la inacción-corrupción de las autoridades para asaltar, robar casas, secuestrar y extorsionar. A una tía de Camilo le quitaron su camioneta a punta de pistola en una zona llamada Country y a unos primos los amagaron con "cuernos de chivo" y los amarraron en las sillas del comedor mientras vaciaban la casa. Ahora viven en Austin, Texas.

El joven de 25 años vivía con sus padres y hermanos en el municipio de Santiago, que está a 30 kilómetros de Monterrey. En ese "pueblo mágico" desmembraron el cuerpo de una vecina que andaba de novia con algunos narcos. El ex chavo de la morra la mandó ejecutar porque se enteró que salía con un "malito" de la banda enemiga. La encontraron descuartizada dentro de un bocho.

"En agosto de 2010 mataron al alcalde, lo encontraron maniatado y con los ojos vendados tres días después de que lo secuestraron. Gore, gore, Tarantino podría hacer muchas películas de Monterrey."

Santiago pertenece al área metropolitana de la capital regiomontana —donde los ricos poseen residencias de fin de semana—, y tuvo entre sus residentes a Amado Carrillo, el fallecido líder del cártel de Juárez.

Camilo es muy nervioso y las escenas atroces que le ha tocado presenciar, o a sus seres queridos, lo impulsaron hacia la capital del país. Estudiaba en la Escuela de Teatro de la Facultad de Filosofía y Letras de la UANL y ahora quiere encontrar un empleo fijo y hacer el examen para estudiar cine en la UNAM.

"Me gustó mucho la ciudad, es muy, muy grande y hay muchas cosas que hacer. Puedes andar en la calle a la hora que quieras, tienes más libertades que en Monterrey. Después de las nueve de la noche es imposible salir y *pistear*."

Dice que nunca dejará de querer a su ciudad y a Santiago porque ahí vive su familia y la mayoría de sus amigos. Él ya no volverá y espera que sus mejores amigos Adriana y Tony se muden al DF. Siente tristeza e impotencia pero ya no quiere que le tiemblen las piernas como cuando salía de la escuela a las nueve de la noche y debía cruzar corriendo el centro.

Ser joven en Monterrey es un blanco perfecto para la delincuencia y para los policías corruptos. Ahora respira un aire nuevo y ya se le quitó lo "asustadizo" porque no hay nada que pueda amenazar su seguridad. Aprendió que la vida se extiende de momento en momento en una infinidad prodigiosa.

La gente no se mira

Por Moisés Castillo

I

Tiene que haber una razón poderosa para que ciertos lugares infundan aversión y espanto. Monterrey, desde hace varios años, se sumó a la lista negra de las ciudades-pánico del país. Karen está convencida de que es un lugar en el que no espera estar nunca más, salvo para visitar a su familia en Navidad o por alguna situación extrema como la muerte de un ser querido.

Abandonó la "ciudad de las montañas" por miedo a que la secuestraran o la balacearan. Tiene 28 años y para ella ser joven en Monterrey es vivir como un animal enjaulado. Si quieres divertirte y salir con tus amigos tienes que ser *reguetonero* o un *zetilla*. La violencia de los grupos del crimen organizado y la corrupción policiaca prohibieron cosas tan básicas como caminar por las calles.

Se enteró de aquel operativo de la policía federal en el hotel La Última Tentación porque Juan Manuel es su novio. Sus amigos, por ejemplo, saben que por ningún motivo deben ir a ese tipo de fiestas en lugares públicos. Los reventones ahora se arman en casas particulares como una medida de seguridad.

Algo similar ocurrió a unos carnales de Karen, la joven diseñadora de moda, pero en un bar del Barrio Antiguo. El lugar cuenta con terraza para los fumadores y muchos sacan su *churro* y se dan un toque. Todo ocurrió tan rápido que los federales ya estaban frente a sus narices. De inmediato preguntaron: "¡A ver, cabrones, de quién es esa hierba!" Nadie contestó. Cuarenta personas fueron trasladadas a la delegación policiaca por posesión de droga.

Los uniformados sembraron bolsas de mariguana y pastillas que habían confiscado en otros antros para realizar la extorsión correspondiente: exigieron 7 000 pesos a cada chavo para obtener su libertad. Amenazan con el argumento de que estás metido en "líos muy cabrones" para que la paga sea rápida y segura. La misma historia que sufrió Juan Manuel.

"Nos arruinaron los cotorreos de fin de semana. Yo no aguantaba más ese estrés de que no podías salir a ninguna parte. Se podían hacer las balaceras en la madrugada, luego en la noche y después les valió madre y en las tardes también. Ya tenías miedo hasta ir al súper."

II

—¿Quién vende droga aquí? ¡Nos vamos a llevar a sus morras, pinches putos! —advirtieron un par de cholos con fusca en mano. Ambos tenían el pelo a rape, usaban *jeans* y resaltaban sus tatuajes pronunciados en sus brazos.

Vaya que daba escalofrío escuchar a esos malosos tan enfurecidos y dispuestos a jalar del gatillo por cualquier mínimo impulso. Unas 50 personas estaban contra la pared, con las piernas separadas y las manos arriba. A Karen le dolía el corazón y respiraba todavía humo de cigarro. Al dueño del bar le pusieron la punta de la pistola en la boca.

—¡¿De dónde sale la droga, puto?! ¡Responde, porque de todos modos te vamos a chingar! —gritoneaba uno de los jóvenes sicarios detrás de la oreja del empresario.

Nadie decía nada. El otro gatillero empezó a bolsear y a cada uno de los morros preguntaba: "Dime quién vende droga y contigo no hay pedo". La puerta principal estaba cerrada y se respiraba un ambiente pavoroso. Había poca luz que apenas permitía ver los rostros toscos de los matones. Esperaba lo peor y pensaba en la frase absurda de su abuela: "No hay mal que por bien no venga". Soltó una risita nerviosa.

Al final se llevaron a dos chicos, los amarraron de las manos con una cinta gris, y antes de salir del bar se dirigieron a Karen:

—¡A ver tú, güerita!… ¡Sí, tú… la de la blusa verde! ¡No te hagas pendeja! Saca el dinero de la caja en chinga.

Sin pensarlo y sin saber que realmente era ella, dio media vuelta y buscó los billetes. Los tomó de un jalón y entregó el fajo a uno de ellos.

—Gracias, *jainita*, te veré pronto —le dijo el más obeso y se perdieron en segundos.

Como dice el escritor Guillermo Fadanelli: esos jóvenes quieren dinero demasiado aprisa y no tienen cabeza ni escrúpulos. Desean engordar cuanto antes.

De los morros "levantados" ya no se supo nada. Karen no salió por mucho tiempo a *rockear* y desde esa noche de verano comenzó a buscar la forma de escapar de esa temible ciudad: narcobloqueos, balazos a cualquier hora del día, colgados, mutilados… Olía a muerte por todos lados.

III

La chica rubia lleva más de un año viviendo en la ciudad de México. Estudiaba teatro y tenía una tienda de ropa donde vendía sus diseños y accesorios. Todo marchaba muy bien para ella: trabajo independiente, estudios, novio. Dejó todo por la inseguridad. Hay mucha gente luchona allá pero no suelta su empleo. Al principio decía: "Qué pendeja soy, por qué me fui", pero a la distancia sabe que fue lo mejor, ya no quiere vivir traumada como tantos familiares y amigos.

"En Monterrey, a pesar de todo hay dinero y trabajo, aunque Los Zetas invadan. Es como dos caras, bien irónico, qué triste es ver todo esto, pero a la vez hay gente que trabaja en medio de balas."

La vida resultaba insufrible, a tal grado que la gente en las calles ya no se miraba. Eso la entristeció mucho. Las personas dudaban del que estaba a lado suyo en el transporte público porque no sabía si era *zeta*, *poli*, *halcón*: "No me importa saber quién eres, no voy a cruzar una mirada". Pensaban que Monterrey era una fortaleza, que el narco no iba a invadir un lugar próspero, que los jodidos eran los vecinos de Tamaulipas o Ciudad Juárez.

IV

Karen tiene un hermano de 18 años y quiere estudiar en la UNAM. Su madre de vez en cuando le pregunta: "¿Ya tienes trabajo?" Para no preocuparla y escuchar un seguro "si no, regrésate", le responde: "Sí, mami, ya estoy vendiendo mis diseños acá".

▶ **Desplazados internos.** Los desplazados internos (IDP), están entre las personas más vulnerables del mundo. A diferencia de los refugiados, los desplazados internos no cruzan fronteras internacionales en busca de seguridad y protección, sino que permanecen dentro de su propio país. En determinadas circunstancias pueden ser obligados a huir por las mismas razones que los refugiados (conflicto armado, violencia generalizada, violaciones de los derechos humanos), con la diferencia de que los desplazados internos permanecen bajo la protección de su gobierno, aun en los casos en que el mismo gobierno se convierte en una de las causas de su huida.

● México no cuenta con un diagnóstico oficial de desplazados, pero se sabe que el fenómeno ha crecido partir de 2006, cuando se observó una nueva forma de desplazamientos causados por la guerra contra el narcotráfico.
● En 2010, el Programa de las Naciones Unidas para el Desarrollo calculó que un aproximado de 6 000 familias seguían viviendo en situación de desplazamiento dentro del territorio nacional.
● A raíz de la lucha contra el narcotráfico 160 000 personas viven desplazadas en México y, de ellos, 26 500 tuvieron que abandonar sus hogares en 2011, de acuerdo con un reporte del Centro de Monitoreo de Desplazamientos Internos (IDMC, por sus siglas en inglés).
● Los estados con mayor número de desplazamientos debido a la violencia son Chihuahua, Nuevo León, Tamaulipas, Sinaloa, Michoacán y Veracruz.
● El poeta Javier Sicilia y el académico Sergio Aguayo entregaron una carta al embajador de Estados Unidos, Anthony Wayne, cuestionando las razones que llevaron al rector de la Kennedy School, David Ellwood, a incorporar a Felipe Calderón como in-

tegrante del Programa Global Angelopoulos de Líderes Públicos de la Universidad de Harvard.

- Los activistas detallan que el ex presidente es responsable de una tragedia humanitaria en México: "Lo que se discute intensamente es la responsabilidad que tuvo en la tragedia humanitaria causada por esa guerra: más de 60 000 muertes, al menos 25 000 personas desaparecidas, 260 000 desplazados, 18 000 migrantes secuestrados cada año".
- Según el Centro de Derechos Humanos Miguel Agustín Pro Juárez (Centro ProDH), en el país existen 150 000 personas desplazadas.
- Según el Alto Comisionado de las Naciones Unidas para los Refugiados (ACNUR), el número de los desplazados internos alrededor del mundo es alto, aproximadamente 26.4 millones de personas.

✔ Los jóvenes de Monterrey enfrentan tres grandes problemas: *i)* una violencia desmedida que cambia sus patrones de vida y los lleva a desplazarse; *ii)* el ataque a la juventud, no sólo por parte de la delincuencia organizada, sino también de las autoridades corruptas; y *iii)* la falta de acceso a información confiable que genere certidumbre y conciencia ciudadana.

Monterrey era una ciudad sinónimo de progreso, una ciudad de esperanza, una ciudad para los jóvenes. Las historias que aquí se relatan reflejan un cambio extremadamente violento e inesperado que afectó a toda la sociedad regiomontana y, de manera muy especial, a su juventud.

La violencia en Monterrey afecta a jóvenes de todo tipo; a ricos y a pobres; a trabajadores y a estudiantes; a hombres y a mujeres. La delincuencia organizada corrompe conciencias e introduce a muchachos y muchachas con menores posibilidades y recursos —desempleados y miembros de pandillas— a las bandas de sicarios sanguinarios, y a nuevas formas de hacer crimen organizado a través de la extorsión y el secuestro.

Para muchos, según estas historias, la única solución es abandonar la ciudad violenta. Y sólo se van los que pueden, los que tienen recursos. Las historias que aquí se cuentan, son testimonios de aquellos que tuvieron recursos para irse, para desplazarse, por ejemplo, a la ciudad de México. Otros muchachos y muchachas debieron quedarse. Otros perdieron su futuro al incorporarse a las filas de la delincuencia organizada. Ésta es una tragedia humana que también debe considerarse. Los que se quedan deben contar también sus historias.

GUADALUPE CORREA-CABRERA,
profesora investigadora de la Universidad de Texas, Brownsville

¿Qué circunstancias te orillarían a cambiar de residencia?

❏ La violencia.
❏ La falta de oportunidades.
❏ Darle un giro completo a mi vida y empezar de cero.

Visita:
ACNUR, Oficina del Alto Comisionado de las Naciones Unidas para los Refugiados
http://www.acnur.org
Tel. 5083-1710

NINIS

La Pastora

POR MOISÉS CASTILLO

La colonia La Pastora está ubicada al norte de la ciudad de México, a las faldas del cerro del Chiquihuite. Es una de las más peligrosas y conflictivas de la capital. Dicen que parte de sus habitantes son familiares de presos del Reclusorio Norte y es una zona marginal donde la única certeza es el robo y los plomazos.

Tres calles hacia arriba de la Cuauhtémoc, la avenida principal, está el barrio de *Los Rudos*. Cada año celebran su aniversario y hacen la "machaca" con sonideros como el Pancho de Tepito. *Los Rudos* es una banda generacional, incluso las hijas de los líderes se autodenominan *Las Chuecas* y los chavos *Los Pelones*. El plomo es su biblia.

En la colonia dominan los de *La Plaza*, pero *Los Vagos* son los que últimamente se destacan por ser los más violentos. Metros más adelante se levanta el barrio de *La Escalera*, que es otra pandilla de jóvenes. Las bandas más pesadas son las que viven en la cima del cerro: *El Tanque*, *Los Atlas* y *Los Halcones*. Recientemente han surgido banditas como *Los Chicos Malos* y *Los Bucitos*.

Según la policía preventiva del DF, la parte alta del cerro es "tierra de nadie", ya que es difícil realizar patrullajes y no falta que los uniformados sean agredidos por la "bandita" o la misma gente del lugar.

Los patrullajes son esporádicos y se llevan a cabo en convoyes de dos o más unidades en colonias vecinas como la Luis Donaldo

Colosio, Compositores Mexicanos, Cocoyotes, Tlalpexco, 6 de Junio y Vista Hermosa.

En abril es la fiesta patronal y se organizan las bandas de los barrios para armar competencias como la del "palo encebado": el que llegue arriba se gana la despensa, que incluye *monas* y demás drogas. Es la única vez en el año donde hay tregua y cooperan económicamente para seguir con el *show*. También hacen un concurso de "autoestéreos": sale victorioso el dueño del carro que suene mejor, el que tenga los mejores bafles y alardee con su potencia sonora.

En este contexto violento nació el 3 de noviembre de 2008 el colectivo autogestivo Barrio Activo, como una alternativa real para los jóvenes que carecen de oportunidades, espacios de expresión, y que simplemente se dedican a beber alcohol, drogarse y asaltar a la gente.

El resultado del diagnóstico que hizo el colectivo para conocer la realidad de los chavos fue preocupante: 68% de los jóvenes que viven en La Pastora ni estudian ni trabajan. La violencia es una enfermedad contagiosa que se extiende por los barrios.

Edgar y Erick, fundadores del colectivo, caminaron por las calles y aplicaron talleres y dinámicas deportivas-culturales que tuvieron buena recepción meses atrás en otras colonias conflictivas como la Guerrero, Martín Carrera, Santa María y Atlampa por Tlatelolco. Se dieron cuenta de que en ese tipo de lugares sin oportunidades, los jóvenes buscan formas de sobrevivencia.

"¿Qué vamos hacer? ¿Cómo integramos a la banda?", fueron las preguntas iniciales. Gracias a pláticas personalizadas y a organizar partidos de basquetbol y futbol, los chavos se sintieron parte de algo y de alguien. Barrio Activo ha extendido lazos con organizaciones sociales como Cauce Ciudadano o el Centro de Derechos Humanos Fray Francisco de Vitoria.

En 2009 pusieron en marcha las Caravanas Culturales y recorrieron todos los barrios del cerro. Para la gente fue sorpresivo ver que se hacían actividades lúdicas en las calles ante la falta de espacios públicos y de divertimento. Comenzaron a dar talleres sobre los derechos de los jóvenes, concursos de música y grafiti. Se presentaron 15 cantantes de hip hop, talentos en el *scratch*, incluso uno de esos *hiphoperos* llamado Forastero se presentó en el Festival Vive Latino 2012.

En ese tiempo el reguetón estaba en su máximo apogeo, en las casas se hacían fiestas clandestinas donde el alcohol, las *monas* de sabores y las drogas corrían sin parar de mano en mano. Además no había cumplido un año el terrible caso del News Divine. El proyecto era arriesgado en una colonia caótica por las implicaciones sociales: resignificar y reivindicar los espacios para los jóvenes.

Las caravanas llegaron a los distintos barrios y de inmediato las familias apoyaron el proyecto juvenil. En las convivencias no había alcohol, ni drogas, ni violencia. Los muchachos se dieron cuenta de que se podían divertir sin sus "golosinas". Posteriormente traspasaron los muros de las escuelas primarias y secundarias para llevar el mensaje de paz y cero violencia.

Los integrantes de Barrio Activo detallan que hay dos tipos de jóvenes en "La Pasta", como dicen en el barrio: el que tiene su escudo protector y no se abre a cualquier persona; el que es fuerte de carácter, no se deja manipular, y está el que busca respeto y admiración a través de la violencia y por su forma de vestir: si trae tenis Jordan, la cadenita de plata, la gorra de marca o el celular nuevo. Demuestra poder con el dinero y enamora a las chavitas con su auto con estéreo a todo volumen. Para los chavos la violencia pura es la vía más efectiva para tener todo el poder en el barrio.

El Forastero, *hiphopero* del barrio, sintetiza fielmente la vida feroz de esa colonia de la Gustavo A. Madero, en su rola "Pastora locos": "Callamos el hocico de los que abren mucho el pico / paraíso o castigo / según como quieras verlo / creerlo / el respeto tú tienes que obtenerlo / sicarios al ataque listos para el combate / me late que vamos a destrozarte / toma este consejo / no te hagas pendejo / si pasas por mi barrio / puto pásale con miedo / ponte bien atento / cuida tu espalda / porque te prometo nunca faltan los gandallas".

Me quiere torcer

POR MOISÉS CASTILLO

I

—¡Oye, Huicho! Qué buena está tu mamá, ¿eh? No me había dado cuenta y está muy rica la cabrona. Pásame su cel, ¿no? —alardeaba *El Mike* mientras sus amigos soltaban varias carcajadas.

José Luis notó que su corazón latía más rápido y su cabeza hervía de ira. Encaró sin pensar al *Mike* ante las miradas incrédulas de sus compas. En sus narices le escupió:

—¡Muy vergas, cholito, o qué pedo! —y le soltó un puñetazo en el pómulo derecho. Fue un golpe tan fuerte que le dolió la mano. Sin darle tiempo a que se recuperara, le incrustó una patada en el estómago y vio que se doblaba como un miserable gusano.

Salió corriendo en busca de su camioneta Trail Blazer y huyó de las inmediaciones del CETIS 30, ubicado en San Pedro Zacatenco, Gustavo A. Madero. El día anterior, *El Mike* también lo fastidió pero con su novia Aline: quería andar con ella y muy seguido la esperaba afuera de la escuela para invitarla al cine. Su pasatiempo favorito era hostigarla. José Luis hizo un esfuerzo para mantener la calma. No quería problemas y le decía: "Órale, va, no hay bronca". Pero meterse con su madre fue imperdonable…

—¡Oye, carnal!, mejor ya ni te pares por aquí, te anda buscando *El Mike* y amenazó con que te iba a torcer. Neta, mejor piérdete. Ese güey enseñó fusca y todo —le advirtió por teléfono un amigo del salón de clases.

José Luis no sabía que le había dado una golpiza a un narquillo de la zona de Indios Verdes. Se sintió como un cadáver vivo. El miedo hizo que desde hace año y medio no saliera de la colonia La Pastora, al norte de la ciudad de México. Iba a cursar el segundo semestre pero sobre advertencia no hay engaño: se volvió ligeramente paranoico.

II

Siempre llega puntual a la cena. Alrededor de las 22 horas, el preparatoriano de 18 años deja su mochila cerca de la mesa y le da un beso en la mejilla a su madre, quien le pregunta: "¿Cómo te fue, mi'jo? Ya lávate las manos para que comas algo". Al escuchar esas dulces palabras, el sentimiento de culpa lo ahoga, no lo deja respirar. "Pinche José Luis, no manches, ya di la verdad. ¡Ay, mamá, si supieras qué onda!", repite entre dientes todas las noches.

III

A la semana su papá le da 600 pesos: 100 para los pasajes y 500 para gastar en lo que quiera. Una cantidad nada despreciable viviendo en aquel cerro del terror. Además diario agarra la camioneta familiar para "ir al CETIS". Da la vuelta, regresa y casi toda la tarde se la pasa en la esquina de su casa con sus cuates bebiendo cerveza y cotorreando. Cada día trata de escapar de la rutina. Los fines de semana compra una botella de Jack Daniels para compartirla con sus amigos.

Esta doble vida de estudiante-*nini* ya no la soporta luego de 18 meses de engaños y problemas gratuitos. Su familia piensa que todos los días va a la prepa y que en un año hará el examen para ingresar a la universidad. Pero José Luis, bien uniformado, vaga por las calles con mochila al hombro: la verdad de la mentira.

Desde hace año y medio miente para aliviar su frustración escolar y personal. Por lo pronto, falsifica boletas de calificaciones, constancias y demás papeles para que su padres no lo descubran. Un sello de la escuela es el toque final. Un semestre más aprobado.

Hace poco cortó a Aline. Le da vergüenza recordar cuando acompañaba a su morra a los centros comerciales de Polanco a comprar ropa y decenas de zapatos. Era una desagradable y cansada costumbre. Ante la situación incómoda que vivía su novio le propuso trabajar en uno de los negocios de su mamá en Garibaldi. Así se ganaría un buen varo para pasar el rato. José Luis aceptó.

Poco a poco se dio cuenta de por qué su chica cambiaba cada tres meses de auto y se compraba cada 30 días el celular de moda como si fuera una golosina. Su madre era dueña de por lo menos tres *tabledance* en la plaza de los mariachis. De un día para otro se convirtió en el gerente del Dèjá Vu y el horario era perfecto para sus planes: de tres de la tarde a nueve de la noche. Sin embargo, el ambiente le asustó: circulaban droga, armas y mujeres de dudosa procedencia. Se enteró de que la señora tenía nexos con narcos de Tepito y renunció al puesto.

Pero nunca se imaginó que Aline se enfureciera al grado de contratar a unos minisicarios para que lo vigilaran a escasos 20 metros de su hogar. Ella era muy celosa y su cara se volvía fea cuando veía a su chico platicar con otra mujer o cuando no le contestaba rápido el celular. La relación amorosa duró casi dos años. Todavía recuerda divertido sus paseos por Cancún y Acapulco.

"Me trataba ¡*wow!*, pero ya sabes que en una relación siempre te aburres aunque haya dinero. Siempre quería hacer lo mismo: ir a plazas y a restaurantes. Era bien fresa. Yo le decía: 'Mejor vamos acá a la fiesta', y me respondía: 'Ash, es que tú eres bien naco, no quieres salir de tu barrio'."

IV

A José Luis no le gusta estudiar porque es "aburrido". En su breve carrera escolar nunca presumió un 10 de calificación a sus padres. Era un caso perdido, no entraba a las clases o se largaba de pinta. Era tan problemático que pasó por cuatro secundarias técnicas y un colegio particular. En la prepa sucedía lo mismo. Su padre le dio la "calentada" de su vida al enterarse de que tiraba su dinero a la basura tras pagar las altas colegiaturas. Agarró un tubo y castigó su espalda sin piedad. A José Luis le costaba trabajo ponerse de pie. Vio la cara de su viejo tan deforme que pensó que realmente lo iba matar.

Por eso tiene tanto miedo de decirle a sus padres que desde hace un año y medio no va al CETIS. No encuentra cómo y cuándo decirles. Espera lo peor. El único que sabe es su hermano Ramón, quien es jefe de línea en la cervecería Modelo. El joven de 24 años le recomendó aguantarse seis meses y aparentar que terminó la prepa y hacer el examen al Politécnico o a la UNAM. Su tío es amigo del director general de todos los CETIS y se comprometió a "sacarle" el certificado.

"Yo me echo la bronca, pero estudia para el examen de la universidad. Después de ahí ya no te vamos a ayudar, pendejo; ahí sí ya te vas a chingar."

Su padre es geólogo y está ilusionado que siga sus pasos. Incluso le prometió pagarle la carrera para entrar a Ciencias de la Tierra que está en Guerrero. Pero José Luis ya no sabe cuánto más durará la mentira. Mientras persista lo real, se la pasa cheleando, viendo la tele y boxeando un rato dos veces a la semana en un gimnasio de la colonia vecina. Es un cínico y lo sabe.

Últimamente tiene líos con los de *La Plaza* porque ven que tiene dinero y usa la camioneta para ir a comprar a la tienda de la esquina. Le mientan la madre y le dicen: "¡Pinche chamaco presumido, vamos a echarnos un tiro, puto!, ¡órale!" En La Pastora poseer un auto es símbolo de poder y José Luis lo sabe, por eso se pasea con su troca blanca y se regocija checando las caras de los "guarrillos".

Son casi las 10 de la noche y debe llegar a casa. Porta su uniforme negro con azul marino. Olfatea la cena que prepara su mamá y se inventa tareas para que lo vean con su cuaderno y su libro de álgebra Baldor. Escucha desde la cocina: "Lávate las manos, porque ya voy a servirte", y de inmediato le invade una sensación de vómito. Se siente el hombre más miserable del mundo. Pero qué importa.

Yo no quiero ser como ellos

POR MOISÉS CASTILLO

Cada vez que baja del microbús, Leslie es observada por el monstruo de mil ojos en que se ha convertido el cerro del Águila y pareciera que la calle Acacitle es su retorcida lengua que se traga a todos los que viven en la feroz colonia La Pastora, en la delegación Gustavo A. Madero.

En el cerro cuelgan cientos de casas y sus vías son de trazos irregulares. En cada esquina hay innumerables pasajes de escaleras que se convierten en un gran laberinto empinado de cemento.

Diario, la joven de 16 años de edad sube y baja para ir al CCH Vallejo de la UNAM. En su paso, la escenografía cotidiana ya no le sorprende: niños *moneando*, chavos con sus guamas, chicas con el activo y la bandita drogándose. No hay día en que no aparezca un muerto y alrededor del cuerpo ensangrentado casquillos de arma nueve milímetros, .38 o .22.

Ella es una de las primeras chavas que se integraron al colectivo Barrio Activo. Desde que iba a la Escuela Secundaria Técnica 104 veía desilusionada a chavos de su edad que no trabajan ni estudiaban. Le dio tristeza ver que su barrio se convertía poco a poco en una plaga de jóvenes parásitos que matan el tiempo tomando alcohol y fumando o, en el peor de los escenarios, son enganchados por el crimen organizado. Las niñas desertan de la escuela porque se encuentran embarazadas a temprana edad.

Es por eso que decidió ayudar a los chicos dando clases de guitarra gratuitas y participar en actividades culturales que organiza el colectivo. Ella cantaba en un grupo versátil que tenía su padre y en la *secu* una amiga le enseñó a rasgar las cuerdas. Afinó su técnica a través de internet y se preparó al máximo para enseñar a los demás. Piensa que pertenecer a algo es importante para los jóvenes que no tienen oportunidades ni espacios dónde divertirse sanamente.

En La Pastora no hay canchas de futbol, parques o algún sitio cultural. No existe ninguna vía de expresión para la juventud y el mismo barrio los reclama para que sean parte de bandas de robacoches o narcomenudistas.

"La mayoría de las familias no tiene dinero y no impulsa a sus hijos a que sigan adelante. Y ellos, en vez de que le echen ganas, se estancan y es muy feo verlos en las esquinas echando desmadre. Es raro ver que alguien termine la prepa o la secundaria. Es una zona fea y sin futuro."

Sus padres siempre estuvieron vigilantes de su desarrollo educativo y personal. Le inculcaron valores como ayudar al prójimo y es por eso que está comprometida con su gente. No sólo se acostumbró a las balaceras o asaltos en los pequeños comercios, sino también a soportar el infierno en su propia casa: su hermano Lalo es drogadicto desde los 13 años.

Quiso pertenecer a la bandita y por sentirse líder cayó en el mundo del *crack*, esa droga amarillenta que fue muy popular en Estados Unidos en los años noventa. Los trastornos pueden ser desde la depresión, la bipolaridad, la ansiedad y la paranoia. A sus 30 años, Lalo todavía no puede salir de ese mal a pesar de que gran parte de su vida ha acudido a centros de rehabilitación. Se convulsiona seguido: ve su cuerpo enjuto temblar como si tuviera encima un gran bloque de hielo.

Leslie trata de olvidar las peleas y los gritos de sus padres contra su hermano. Pero es inútil, desea con toda su alma tener las fuerzas suficientes para borrar de un chasquido ese pasado jodido.

Si no era Lalo, era Jessica, su hermana, la mediana, la que no se cansaba de dar problemas: se embarazó a los 16 años, su vida cambió de repente. El hogar se embriagó de ruido y conflictos sin final.

Sus padres se dedican a vender ropa en los tianguis de la zona. En La Pastora ya no existe el respeto hacia los mayores. Su mamá ha tenido que soportar frases vulgares: "Hola, señito, quién la viera... está bien buena, ¿eh?" O les gritan a las muchachas cosas incómodas: "¡Ven, te va a gustar!" Son los mismos chavos que sufren violencia en sus casas o que sus madres son maltratadas por sus parejas.

Una tarde cualquiera, Ramón, de 23 años, llegó a la sede del colectivo y preguntó si podían ayudarle porque su vida era una pesadilla: formaba parte del Barrio de los Malditos, vendía droga afuera de las escuelas y no podía dejar de chupar con la bandita. Gracias a los talleres y pláticas pudo escapar de ese pantano que lo estaba hundiendo: está a punto de graduarse en la universidad.

Leslie también quiere ser universitaria y estudiar comunicación. Dice que le llama mucho la atención investigar y escribir. Tal vez busca en el periodismo "una relación amorosa con el resto de la humanidad", como dijera el periodista argentino Tomás Eloy Martínez. Sabe dónde vive y el terreno arriesgado que pisa, eso no la desalienta, al contrario, ella quiere cumplir sus sueños: "Veo a los chavos y digo: 'Yo no quiero ser como ellos'".

Una chica sin sueños

POR MOISÉS CASTILLO

I

De nuevo en la misma habitación. Se sienta en la orilla de la cama y lo primero que ven esos ojos negros son montañas de ropa por todos lados. Cosas tiradas como antes. La pálida luz que entra por la ventana le avisa que son las 10 de la mañana. Otro día más. Se mira en el espejo y observa un cuerpo desabrido. Sabe que no va a mejorar nunca. Por lo menos las próximas 24 horas no ocurrirá algo extraordinario en su vida. Es el principio del fin.

II

Catalina cuenta con 16 años de edad y no tiene sueños. Vive paso a paso. No tiene pensado qué hacer de su vida. Desde hace 12 meses no estudia ni trabaja y la rutina está por volverla un poco loca: se despierta, ayuda a los quehaceres domésticos, acompaña a su madre al mercado, juntas hacen la comida, ve un poco la tele y escucha música de banda tipo La Arrolladora o Espinoza Paz. Siempre lo mismo: los mismos movimientos, las mismas caras.

Cursó la secundaria en la escuela Emiliano Zapata Salazar, ubicada en el municipio mexiquense de Coacalco, y quiso seguir estudiando pero debía la materia de taquimecanografía. Por esa razón no pudo obtener su certificado, documento indispensable para hacer el examen de nivel medio superior. Ahora tiene que esperar una nueva convocatoria para tratar de ingresar a la preparatoria pero le angustia la idea de no tener futuro.

A ella le gustan los niños y tenía ilusión de prepararse para ser pediatra, pero su hermana mayor —de 30 años y desempleada como optometrista— le recomendó que no estudiara eso porque medicina es una carrera saturada. Ese tipo de comentarios le generó más dudas que certezas.

Sus padres le preguntan de vez en cuando qué piensa hacer y la respuesta es clara: no sabe. Al final creen que es un gasto menos y hay que dejar que pase un milagro con ella. En los últimos meses Catalina buscó empleo en una pastelería para ayudar en los gastos de la casa porque viene una hermanita en camino y la situación económica seguro empeorará: tiene otros dos hermanos de 14 y 11 años, una madre que se dedica al hogar y un padre que es policía auxiliar en el Distrito Federal.

Sólo una vez expuso esa inquietud laboral, pero de inmediato el uniformado no estuvo de acuerdo porque "los dueños de esa repostería o lo que sea pueden pasarse de listos".

A Catalina no le dan dinero ni para una golosina. Como a cualquier chica, le llama la atención la ropa, los tenis caros, los celulares de moda, los accesorios y el maquillaje. Pero en su familia no la dejan trabajar y se siente aburrida, encerrada en una jaula de cuatro paredes. Ve con un poco de envidia a sus amiguitas que van a la prepa, que salen a jugar o se divierten en las fiestas llamadas "tardeadas".

"Casi no salgo, no pasa gran cosa en mi vida. No soy de las que van al cine; tampoco me dejan ir a un antro o con mis amigas. Salimos a convivir con mi madrina que es nuestra vecina."

III

Hace poco su papá le reveló un secreto que secó su alma: es hija no deseada. Su mamá no la quería tener porque sentía miedo de que su marido no se hiciera responsable de la pequeña. En pleno embarazo se encontraba temerosa de quedar madre soltera; incluso, de recién nacida la maltrataba y se desquitaba con la bebé por las cosas que le salían mal. La niña Catalina nació así, con el desprecio de su madre.

Es muy difícil que conviva o platique con su madre, la señora Raquel. La ignora o la ningunea. Para ella sólo existen sus otros dos pequeños. Nunca le pregunta cómo está o cómo se siente. Nada, entre ellas hay un silencio sepulcral. Con su padre tiene una relación de respeto pero no le demuestra afecto ni interés de nada. Además Catalina no se sentiría a gusto contándole cosas de niñas, pedirle algún consejo o ayuda; sería algo raro.

Una tarde estaba preparando la comida con doña Raquel y "sin querer" tiró unos huevos batidos. Su mamá, enfurecida, azotó un traste mientras le gritó en la cara: "¡Ves, pendejita, te lo dije, no sirves para nada! ¡Lárgate de aquí!" Catalina nunca se había sentido tan humillada y salió corriendo a su cuarto. Lloró tanto que no se dio cuenta cuando se quedó dormida.

"Me siento desesperada, me siento muy mal porque si no hubiera reprobado esa materia tal vez no estaría en esta terrible situación. Yo misma me echo la culpa de lo que me pasa y hasta de lo que no. Luego me encierro y estoy sola y triste."

Nunca olvidará la golpiza que le dio su padre por descubrir unos mensajes de celular que le enviaba a un chico que le gustaba. Andaba con un chavo de 21 años que tiene una bebé, pero eso no le importaba. Le gustaba saber que alguien la quería o por lo menos que una persona en el universo se interesara por ella. Sin embargo, su papá se quitó el cinturón del pantalón y la comenzó a golpear sin piedad. Primero en la espalda y luego en los brazos. "¡Te dije que ya no le hablaras a ese pendejo! ¡Nunca entiendes, estúpida!"

Mientras los gritos rabiosos perforaban sus oídos, el policía auxiliar azotaba las piernas morenas de la joven.

Dicen que lo que debes hacer cuando estás atrapado es largarte al instante, pero Catalina prefiere viajar en el tiempo y recordar el momento más feliz de su vida para escapar un poco de su penosa realidad: en sus 15 años le hicieron una comida con su tía Marina, que es como su segunda madre o por lo menos la que siempre quiso tener. Estaba toda su familia conviviendo y ella se sintió querida y protegida. Pero ese *flash back* dura tan sólo unos segundos. Abre sus ojos, está sentada a la orilla de la cama y observa montones de ropa por todos lados. Es inútil escapar siempre.

▶ **Ninis.** Es la forma más popular para identificar a los jóvenes que *ni* estudian *ni* trabajan. El concepto no ha sido del todo definido, pero la realidad es que afecta a 7.2 millones de jóvenes en México.

- 7 248 400 es el número de mexicanos de 15 a 29 años sin escuela ni trabajo, según los registros de la Organización para la Cooperación y el Desarrollo Económicos (OCDE).
- 21.3% de la población mexicana indica que carece de afiliación a algún sistema de salud.
- 70% de los que no tienen ningún esquema de seguridad social son menores de 30 años, calculan los expertos.
- Al número de personas entre 15 y 24 años de edad sin opciones de estudio ni empleo se sumaron, tan sólo entre 2007 y 2011, alrededor de 596 000 más, de acuerdo con datos de la Organización Internacional del Trabajo (OIT) y de la Encuesta Nacional de Ocupación y Empleo (ENOE) del INEGI.
- El informe *Coyuntura laboral en América Latina y el Caribe*, de la OIT, precisa que los jóvenes en esa edad que no estudian ni trabajan en México pasaron de 4.5 millones en 2007 (esto es, 20.6%) a 5.1 millones en 2011 (21.9%).
- Según la ENOE, los desempleados que tienen niveles de instrucción media superior y superior suman 991 000 al tercer trimestre de 2012, lo que supera a los desempleados con primaria completa, que llegan a 467 000.
- La OCDE y el Banco Interamericano de Desarrollo (BID) lamentaron que México sea campeón mundial en el número de *ninis*.
- Según la Secretaría de Educación Pública (SEP) la tasa de desempleo de los profesionales mexicanos menores de 25 años es de casi 14%; es decir, el triple de la tasa de desempleo de los mayores de 30 años.

✓ El diagnóstico es claro. Es paradójico que en una época de avance económico más o menos moderado según el periodo, de increíble avance en la tecnología, de expansión de la educación y de gran circulación de ideas, conocimiento, personas, en nuestras ciudades se viva un cierto desfase que resulta en un contexto de falta de oportunidades, falta de salidas y de una gran incertidumbre sobre el futuro que les espera a una parte importante de los jóvenes mexicanos. El reto es pensar de manera colectiva en salidas integrales —que atiendan las necesidades educativas, laborales, que generen entornos familiares y espacios públicos más favorables—que permitan a todos los jóvenes, empezando por aquellos en los contextos más marginales, imaginar un idea de futuro y que les provea de las condiciones para construirlo.

SILVIA E. GIORGULI SAUCEDO,
profesora investigadora en El Colegio de México

¿Qué opinas de los *ninis*?

❑ Pienso que son jóvenes parásitos que no quieren hacer nada.
❑ Cuando yo estuve sin escuela y sin trabajo me sentí desesperado. Es terrible sentir que no existen oportunidades para ti.
❑ Considero que los jóvenes, ante la falta de oportunidades de escuela y trabajo, deberían generar propuestas que los saquen de ese limbo social.

Visita:
Instituto Mexicano de la Juventud (Imjuve)
http://www.imjuventud.gob.mx/
Tel. 1500-1300 Lada sin costo 01-800-22-800-92

Servicio Nacional de Empleo
http://www.empleo.gob.mx/
Teléfono 01-800-841-20-20

MOBBING O ACOSO LABORAL

¡A ver, retrasada mental!

POR MOISÉS CASTILLO

I

Brenda llegó puntual a las nueve de la mañana al Wings de la sala E del aeropuerto capitalino. Buscó con la mirada a Martha, su jefa, quien se encontraba en un lugar al fondo de la cafetería. Apenas se sentó y la mujer de 57 años de edad le dijo mirándola a los ojos:

—Nuestra relación laboral y personal está desgastada. No nos llevamos bien y es necesario que a partir de hoy ya no trabajes conmigo.

—Está bien —alcanzó a decir la joven mientras hacía bolita una servilleta.

—Eres una chica muy inteligente y tienes un gran futuro, pero en otro lado. Aquí ya no. Ah, antes de que te vayas me firmas unos papeles que están en tu escritorio y me dejas todo archivado. Me voy. Ya está pagada la cuenta, pide lo que quieras.

Brenda se quedó pensativa y escuchó cómo se alejaba poco a poco ese sonido exasperante que se desprendía de los tacones de su ex jefa. Cuando cruzó por última vez la puerta de su oficina se preguntó: "¿Se puede vivir cada día como si fuera el primero?"

II

Tenía ocho años laborando como auxiliar administrativa. Su jefa era gerente de Atención de Servicios Aeroportuarios y desde un principio tuvo una buena comunicación con ella, hasta que todo se rompió por envidias, chismes y frustraciones personales.

Martha se enteró de que Brenda salía seguido con su compadre, quien laboraba en la misma área. Se enojó tanto que su cabeza estaba a punto de estallar. "¡Cómo es posible que mi empleada salga con el hombre que me gusta!", quizá se dijo en ese momento. En la primavera de 2008 comenzó la pesadilla para la joven de 27 años.

La Jefa, como le apodaban, comenzó a cargarle más y más el trabajo a Brenda. Rompió la barrera cordial que existía entre ellas y sus órdenes se transformaron en insultos: "A ver, a ver, ¡retrasada mental!, ¿no entiendes lo que te estoy pidiendo? Lárgate, no te quiero ver aquí". Brenda se asustaba mucho al escuchar esas palabras venenosas y prefería salir huyendo de la escena.

Poco a poco comprendió que aparte de ser auxiliar tendría que jugar a la "vidente" para adivinar lo que realmente solicitaba su superiora. El miedo ya era un virus incurable.

El aumento de sus actividades laborales no tenía fin. Ya no salía a comer a su hora habitual sino hasta que concluyera con los encargos del día. *La Jefa* se sentía como la "mamá de los pollitos", todos alineados y robotizados. Por el conflicto personal-amoroso sólo a ella le "cargaba la mano".

Hasta para ir al baño tenía que pedirle permiso: "Ay, ¿por qué vas tantas veces?, ¿estás enferma o qué?" Hacia el final de la jornada laboral era habitual escuchar: "No, aún no te puedes ir, espérate tantito porque necesito que hagas unas cosas". Pasaban 15, 30, 45 minutos, una hora y no le daba ninguna instrucción. De repente le decía a Brenda tronando los dedos: "¿Qué haces aquí? ¡A volar!"

El ambiente que se respiraba en el área administrativa era agrio. La mayoría era gente de 45 años que sólo iba a trabajar lo mínimo indispensable, se tardaban dos horas en comer y a la hora exacta se retiraban de sus sillas de piel sintética. La burocracia en todo su esplendor. El nivel escolar del personal no rebasaba la secundaria y no había camaradería, cuidaban el hueso celosamente con sus uñas afiladas.

La mismísima *Jefa* presumía una licenciatura en psicología infantil pero nunca terminó la carrera. El llamado "radiopasillo", famoso en las oficinas, desbordó el lodazal contra Brenda porque los chismes llegaron a los oídos de Martha —la mujer más entrometida—: "Yo los vi comiendo en la fondita", "Ya se van juntos", "Me los encontré en el súper agarrados de la mano"...

La Jefa, enfurecida, tomó la decisión de quitarle gradualmente a la "empleada incómoda" las horas extras y le cambió el horario para que no coincidiera con su compadre, el hombre que la hacía suspirar a pesar de que ella estaba casada y con un hijo de 17 años.

Además usaba a Erika, su ahijada, a quien preparaba para nombrarla subgerente, para inundar de tareas a la joven Brenda que ya estaba fastidiada por esas actitudes "mala leche". De un día para otro su lugar se convirtió en un escritorio de Ministerio Público: montañas de expedientes, papeles, folders, oficios y contratos por hacer. Generaba 200 documentos semanales y ya no sabía a qué darle prioridad, si a los contratos de servicios aeroportuarios o de *aerocares*.

Brenda se rebeló:

—Yo ya no puedo trabajar así, es imposible que haga el trabajo de cinco personas. Estoy desgastada.

La Jefa se rascó suavemente la frente y alzó la mano para que el mesero del Freedom le trajera una coca cola con hielos, y le contestó:

—Mira, tú puedes hacerlo. Confío en ti. Todo está bien, es parte de la chamba.

A la joven le daba un poco de coraje porque Martha se llevaba todos los aplausos. Sin embargo, nunca salió el tema espinoso de la relación amorosa con el compadre y se limitó a obedecer órdenes.

Pasaron tres años y *la Jefa* se frustraba porque veía que, a pesar de todo, la joven cumplía con su chamba. Se enojaba también porque no veía los efectos que esperaba al correr a su compadre y así alejarlo de Brenda, por lo menos de la oficina. Además, por los rumores habituales de "radiopasillo", se enteró de que su esposo —a quien metió a trabajar al aeropuerto— salía con una señora del área. Y hasta fue testigo de las amenazas a punta de pistola de un policía federal contra uno de sus empleados: "¡Si sigues metiéndote con mi esposa te voy a enterrar vivo, cabrón!"

III

En una ocasión llegó el director de Passenger Movers —empresa de abordadores mecánicos— y *la Jefa* comenzó a gritarle con todas sus fuerzas: "¡Brenda! ¡Te estoy pidiendo la carpeta! ¡No puede ser! Perdóneme, licenciado, pero trabajo con una tonta", y se reía enfrente de ella. A pesar de que la joven estaba afiliada al Sindicato Nacional de Trabajadores del Grupo Aeroportuario de la Ciudad de México y podía quejarse de lo insufrible que le resultaba laborar, nunca quiso hacer un escándalo y prefirió llevar la fiesta en paz.

En sus últimos tres meses en el aeropuerto la mandaba ya de mensajera, simplemente no la quería ver en la oficina. Diario tenía que entregar oficios por toda la ciudad y regresar para cualquier orden de trabajo extra. Una tarde casi de salida, *la Jefa* le encargó unos documentos en Excel y cuando los tuvo en sus manos vociferó: "¿Qué es esto? ¡No hay duda de que eres una pendeja! ¿Qué no me sé explicar? ¡Ya lárgate!"

No había sentido tanto miedo en su vida y le comenzaron a temblar las piernas. No sabe cómo se esfumó del lugar. En el pasillo principal de la Terminal 1 comenzó a llorar, se sentía muy mal, nadie la había insultado de esa forma tan cruel. Ya no quería regresar a esa oficina espantosa. No dormía bien, se tardaba en conciliar el sueño por pensar y repensar si había hecho bien su trabajo, dónde estaban las carpetas que seguramente le pediría. Le tenía tanto pavor a *la Jefa* que mejor se aguantaba para no solicitarle permiso para ir al sanitario o salir a comer.

Nunca imaginó que iba a vivir un verdadero infierno con *la Jefa*, quien desde un principio siempre la trató con respeto y le enseñó muchas cosas de administración. Pero ya todo había cambiado. El aeropuerto es una ciudad dentro de una ciudad y las actividades jamás terminan. Piensa que Martha fue exprimida por ese monstruo en el cual llevaba más de 30 años laborando.

"Tenía muchos problemas familiares y laborales. Lamentablemente la gente era muy hipócrita con ella: sus allegados, sus amigos. Se daba la vuelta y la apuñalaban por la espalda, se burlaban de ella porque traía los mismos tenis blancos de siempre y su aseo personal era un desastre."

A pesar del acoso laboral, Brenda dice que nunca odió a *la Jefa*, pero sí siente lástima por ella. Cuando la vio por última vez en el Wings y le llevó la noticia del despido, un aire nuevo entró a su cuerpo. En un instante olvidó que había trabajado ocho años en esa oficina gris y rutinaria. Sabía que ya estaba liberada de ese vómito espontáneo, indeseable, que no la dejaba soñar: la madrugada aceptó caminar con ella hasta el amanecer.

Te tengo respeto; miedo, no

Por Moisés Castillo

I

Esa noche fría de septiembre había perdido todo: su puesto como reportero y a su novia. Trató durante el día hablar con el director editorial del periódico, pero la llamada no entraba o el celular lo mandaba directamente a buzón. Joaquín se sentía frustrado. Se repetía una y otra vez: "¿Por qué el mundo me odia?", mientras su gata Josefa se paseaba lentamente por el pasillo de la casa chueca y vieja de su tío de la colonia Del Valle.

Enclaustrado en su habitación lo despertó una llamada, era JC.

—¿Qué crees, güey? Nos acaban de correr a todos.

—¡No mames! ¿Por qué? Vamos a demandar colectivamente, esto no se puede quedar así —contestó Joaquín enojado por la mala noticia. Ya no pudo decir más porque se le cerró la garganta.

—¡Jajaja!, no es cierto, pinche flaco. Estás hablando con tu nuevo jefe.

II

Joaquín laboraba como asistente de redacción del diario deportivo más influyente del país. Estaba contento porque su sueño de universitario era escribir sobre futbol, su gran pasión. El editor general

186

veía que cumplía con sus textos y estaba convencido de que en el corto plazo le daría una plaza como reportero. A pesar de que cubría a varios equipos del futbol mexicano y veía publicadas sus notas, no lo dejaban escribir periodismo con "tintes literarios". Los periódicos tienen su propio estilo que se impone, es la regla no escrita.

En una borrachera, Felipe, un amigo atlantista, le dijo que un cuate editor estaba buscando a un reportero para la sección de deportes de un periódico nuevo que estaba circulando en el DF. "¿Te interesa?". De asistente a reportero era un cambio glorioso en tan poco tiempo. Se entrevistó con Mauricio en las oficinas del diario y le cayó "poca madre". Le entusiasmó la idea que le planteó su futuro jefe: "Aquí no sólo queremos la nota diaria, queremos reportajes, historias, combinar literatura y futbol".

La plaza era de 15 000 pesos libres y con todas las prestaciones. A Joaquín le brillaron los ojos. En el otro diario ganaba 4 700 pesos y por honorarios. Las plumas que escribían en este novedoso proyecto eran reconocidas y de mucho peso en el medio deportivo. Sería compañero de reporteros talentosos como JC, a quien ya conocía y tenía la certeza de que esa oportunidad sólo los tontos la podían rechazar.

—¿A poco? No le digas a nadie porque yo también me voy— le dijo su editor en el momento de que le comunicó sus intenciones de salir también del diario deportivo.

—Joaquín, sólo te digo una cosa y espero no lo olvides: mucho cuidado con ese güey de Mauricio, porque tiene la fama de que está medio loco, es mamón y déspota.

—Pues qué raro, porque a mí me trató muy bien…

El mundo le sonreía a Joaquín y el primer mes resultó color de rosa, como si fuera un noviazgo. Su jefe platicaba mucho con él, le hacía correcciones a sus crónicas, le daba consejos y tips como buen lobo de mar. Pero siempre se preguntaba por qué regañaba y regañaba a Aurora, la otra reportera. Hasta porque pasaba la mosca tenía la culpa aquella chica un tanto gorda.

Fue en un partido de la Copa Libertadores cuando todo se movió. Joaquín estaba haciendo la crónica desde la tele y mientras miraba el partido bromeaba y reía con otro compañero de a lado. Las carcajadas llegaron a los oídos de Mauricio, quien salió de su oficina y le advirtió: "¡Óyeme, cabrón, estás haciendo la crónica, ¿eh?, no me decepciones!" Nunca lo había visto con esa cara de ogro.

Al día siguiente, Mauricio llegó tarde al periódico y así se convirtió su rutina: hora de entrada siete de la noche y ordenaba a JC ingresar a las juntas de la mañana porque él tenía programa de radio. Recuerda Joaquín que llegaba medio borracho, con los ojos rojos y su pasatiempo favorito era gritonear y cambiar todo lo que la redacción había trabajado durante el día. Reescribía cabezas, despreciaba notas y entrevistas. Sin explicaciones daba un giro a la información generada.

"Háblale a Ricardo Lavolpe —director técnico de futbol— y pregúntale esto, esto, esto... Tienes 15 minutos para entregarme el texto." Como loco, Joaquín tomó el teléfono y tecleó sin parar. El sudor invadía su camisa blanca y de los nervios se sentía un poco torpe. Empezaron los problemas con los coordinadores de otras secciones porque deportes siempre se atrasaba y cerraba a altas horas de la noche.

Reporteros, redactores y asistentes salían pasadas las 12 de la noche agotados, como si hubieran corrido un maratón de 50 kilómetros. La presión que lanzaban los demás coordinadores del periódico, Mauricio la descargaba contra su equipo de trabajo. Pero después inició una especie de "culpa selectiva" y como Joaquín era el reportero A, entonces él tenía la culpa de los errores que había en la sección deportiva.

—¡Otra vez el güevón de Joaquín, miren nada más! —manoteaba en su escritorio y lo exhibía en frente de sus compañeros. Ese tipo de actos se presentaba todos los días, a cualquier hora. Gritos y comentarios sarcásticos ya eran normales. No lograba entender por qué su jefe se comportaba así, si lo creía inteligente y buena persona.

Un día, Mauricio llegó con un periódico de la competencia y se lo restregó a Joaquín: "¡Ya ves, güevón, se te fue la nota! ¡Qué mediocre eres! No se junten con él porque les puede contagiar su ignorancia", alzó la voz en plena redacción. Al momento en que se estaba dando la vuelta para regresar a su oficina, escuchó:

"¿Sabes qué?, aquí el único güevón eres tú". Joaquín comenzó a pegar con la palma de su mano el escritorio ante varias miradas de desconcierto. El ambiente se volvió putrefacto y un silencio desesperante dominó el lugar.

—¡No pegues, estúpido!— vociferó Mauricio, de 1.68 metros de estatura.

—¡Sí pego, hijo de la chingada! Ya me tienes hasta la madre a mí y a todos. ¡Aquí el único güevón eres tú!

—¡Siéntate, pendejo!

—¡No me voy a sentar! Es injusto que nos digas güevones cuando sabes perfectamente que tú llegas borracho y nos arruinas el trabajo.

Joaquín se dio valor con su 1.80 de estatura. Estaba dispuesto a que lo corrieran pero no le importaba.

Mauricio se quedó congelado. Se arrinconó en un sillón y su cara se transformó en algo diabólico. Le lanzó una mirada tan fuerte que le dolió la cabeza. Joaquín sabía que se le habían desconectado los cables del cerebro. Se acercó a su jefe y le pidió disculpas: "Perdón porque te falté al respeto. Eres mi jefe y mi comportamiento no se vale. Si me despides lo entenderé".

Su jefe no parpadeaba y se quedó mirándolo con rabia al menos 10 minutos. Sólo se escuchaba su respiración agitada. Fueron momentos de alta tensión. A Joaquín, de repente, le salieron varias risas de los nervios. Esperó a que las cosas se calmaran pero fue inútil porque escuchó cómo lo retó a golpes.

—¡Si me vuelves hablar así te espero allá afuera y te parto tu madre! —le gritó con una voz pastosa.

—¡Pues vamos ahorita! Te pido disculpas pero órale, si quieres vamos. Te tengo respeto; miedo, no —respondió el reportero sin titubear.

Con una cara pálida, Mauricio desapareció de la redacción ante un silencio sepulcral. Sus compañeros no dijeron nada, sólo JC se le acercó y le comentó: "Qué güevos, güey".

Antes, el jefe de la sección deportiva ya había tenido otros altercados con varios reporteros y redactores. Despidió a un periodista porque se enojó con él y el área de recursos humanos le llamó la atención porque no podía despedir a alguien a la ligera, sin argumentos, ya que a la empresa le saldría más costoso liquidar continuamente a sus trabajadores. Por esa recomendación administrativa Mauricio no corrió a Joaquín.

Sin embargo, comenzó la peor pena que puede sufrir un reportero: que sus notas no sean publicadas. A partir de ese momento mandó a Joaquín a la "congeladora". Iba a las conferencias de prensa, a los entrenamientos y a los partidos de futbol pero sus textos eran ninguneados, jamás aparecieron en el periódico. El jefe le dio mucho "juego" al asistente universitario de la sección para que Joaquín se "ardiera" y viera que su chamba diaria jamás iba a aparecer.

"¡Puta madre!, mejor me hubiera quedado donde estaba", se reprochaba todas las noches cuando llegaba a esa casona chueca y se encerraba en su pequeño cuarto. Le daba mucha tristeza levantarse y seguir con la rutina del veto. Se sentía como un fantasma en el periódico.

Un día vio que Mauricio se acercaba lentamente a su lugar. Sabía que esperaba la guillotina. "Ven, acompáñame." Lo llevó a su oficina que olía a cigarro.

—Quiero tu renuncia.

—Pero, ¿por qué?

—Porque sí.

—A mí me tienes que decir por qué.

—No has publicado nada en el último mes.

—¿Perdón? Tú sabes perfectamente que no permites que se publiquen mis textos.

—Yo no te tengo que dar explicaciones. Pasa a recursos humanos.

—No voy a renunciar, si me quieres correr, córreme.

—¡Pues estás despedido! ¡Vete, hijo de la chingada, eres un pendejo! ¡Lárgate, pinche mediocre!

De inmediato salió muy alterado y nervioso. Las manos le sudaban. Fue a buscar al director editorial y consiguió hablar con él.

—Señor, Mauricio me acaba de despedir y creo que usted ya está enterado del problema que tenemos en deportes. Todos los días son infernales. Yo no quiero perder mi empleo, estoy muy contento aquí. ¿Quiere escuchar lo que acabo de grabar?

—No, no, no, yo te creo. No te preocupes...

—Por favor, escuché la grabación.

Mientras Mauricio despotricaba contra él, su grabadora registraba todo. Su padre le recomendó grabar a escondidas los insultos y los malos tratos laborales que sufría. Vio al "Jefe de Jefes" que movía la cabeza en señal de desaprobación al oír esas palabras enfermas. "No te preocupes. Vete tranquilo a tu casa. No vas a perder tu empleo. Yo voy a ver qué puedo hacer".

En ese momento el titular de la sección deportiva fue a la esquina a comprar tortas y las repartió a su equipo: "Tengan, coman algo muchachos. Hoy es un gran día porque ya se fue el cáncer de este lugar. Ya sé que fue hablar allá arriba pero me tiene sin cuidado".

Un par de horas después Mauricio fue destituido de su cargo y lo pasaron a "reportajes especiales", además le prohibieron el mínimo contacto con el personal de deportes. JC quedó al frente.

Mauricio era un periodista inteligente y de buena prosa que estuvo menos de un año en el diario por indisciplinado y tratar de forma repugnante a su equipo. Por esa misma situación había sido despedido de varias estaciones de radio y otras publicaciones impresas. Tenía mala fama.

"Creo que sí está enfermo. Quizá tenga un pedo de bipolaridad, es muy extraño. Nunca había conocido a alguien que tuviera cambios de humor tan drásticos. Un día era el favorito y 24 horas después era un pendejo. Él tenía esos tumbos indeseables."

▶ **Mobbing** o acoso laboral. Forma de violencia psicológica, o de acoso moral, practicada en el ámbito laboral, que consiste en acciones de intimidación sistemática y persistente, como palabras, actos, gestos y escritos que atentan contra la personalidad, la dignidad o integridad de la víctima. Puede ser ejercido por agresores de jerarquías superiores, iguales o incluso inferiores a las de las víctimas. También es conocido con el término anglosajón *mobbing*.

▶ **Ley General de Acceso de las Mujeres a una Vida Libre de Violencia.** En sus artículos 10 y 11 define la violencia laboral como aquella que ejercen las personas que tienen un vínculo laboral con la víctima, independientemente de la relación jerárquica, consistente en un acto u omisión, en abuso de poder que daña autoestima, salud, integridad, libertad y seguridad de la víctima, e impide su desarrollo y atenta contra la igualdad, incluidos el acoso o el hostigamiento sexuales. Asimismo, constituye violencia laboral: la negativa ilegal a contratar a la víctima o a respetar su permanencia o condiciones generales de trabajo; la descalificación del trabajo realizado, las amenazas, la intimidación, las humillaciones, la explotación y todo tipo de discriminación por condición de género.

▶ **Discriminación.** Toda distinción, exclusión o restricción que, basada en el origen étnico, racial o nacional, sexo, género, edad, discapacidad, condición social o económica, condiciones de salud, embarazo, lengua, religión, opiniones, preferencia u orientación sexual, estado civil o cualquier otra análoga, tenga por efecto impedir o anular el reconocimiento o el ejercicio de los derechos y la igualdad real de oportunidades y de trato de las personas. También se entenderá como discriminación la xenofobia y el antisemitismo en cualquiera de sus manifestaciones.

- Una de cada tres mujeres en el país padece violencia psicológica dentro de su hogar o trabajo, de acuerdo con cifras del Colegio Jurista. 15% de las víctimas tiende a considerar esa conducta como "natural".
- Averiguaciones previas por acoso sexual laboral abiertas en la Ciudad de México:
  - 141 averiguaciones previas fueron registradas en 2010.
  - 114 reportes fueron presentados en 2011.
  - 74 denuncias se presentaron hasta octubre de 2012.[1]
- 35% de empleados en los centros de trabajo del país padece *mobbing*.
- 58% de los casos de abuso laboral proviene de los jefes.
- 12% de las víctimas recibe maltrato de sus compañeros.[2]
- 51% de los trabajadores mexicanos ha sufrido algún tipo de acoso laboral, reveló un estudio que realizó la empresa de servicios de bolsa de trabajo por internet, OCC Mundial.
- El acoso psicológico es de las principales causas de ausentismo laboral y bajas laborales, según el Grupo Multisistemas de Seguridad Industrial. Chihuahua, Tamaulipas, Sinaloa, Durango y Distrito Federal son las entidades donde detectaron 60% de los casos de acoso laboral.

✔ En México, el *mobbing* ha existido siempre, pero es un tema poco tratado; tanto, que en el país no existe institución a la cual pedir ayuda. Las mujeres son más propensas a sufrir este abuso, ya que ellas padecen más acoso sexual; entonces, cuando ellas no responden a la propuesta amorosa, se vuelven víctimas de *mobbing*.[3]

Doctora Rocío Fuentes Valdivieso,
del Instituto Politécnico Nacional (IPN)

---

[1] Fuente: Procuraduría General de Justicia del Distrito Federal (PGJDF).

[2] *"Mobbing*, cuando el trabajo es un infierno", *El Informador*, 4 de abril de 2011, recuperado el 15 de abril de 2013, http://www.informador.com.mx/mexico/2011/282681/6/mobbing-cuando-el-trabajo-es-un-infierno.htm.

[3] *Idem*.

✔ Esto nos puede pasar a cualquiera. Puede bastar sólo con el hecho de ser distinto a la mayoría del grupo, ya que muchas veces esto genera incomodidad a los demás. En contrapartida, el caso de los acosadores es más claro, son manipuladores, expertos en la intriga, no muy brillantes, más bien mediocres, narcisistas, que no poseen la capacidad de ponerse en el lugar del otro, ya que los demás son sólo medios para llegar a sus fines.[4]

RAMÓN CLÉRIGA,
psiquiatra y psicoanalista

¿Alguna vez tus superiores en el trabajo te han humillado?

❑ Sí, todos los días. Daría cualquier cosa por no volver a ir al trabajo.

❑ Sí, pero no puedo dejar mi trabajo porque no tengo otra opción laboral.

❑ Sí, he hecho todo para cambiar la situación, pero es imposible.

Visita:

Secretaría del Trabajo
http://www.stps.gob.mx/bp/index.htm
Tel. 3000-2100

Junta Local de Conciliación y Arbitraje
www.juntalocal.df.gob.mx/
Tel. 5134-1600

Centro de Reflexión y Acción Laboral (Cereal)
http://www.fomento.org.mx/index.php
Tel. 5559-6000 y 5250-0328

---

4 Tania Romero, "Cuidado con el *bullying*", *Reforma*, 17 de febrero de 2013, recuperado el 15 de abril de 2013, http://www.reforma.com/universitarios/articulo/689/1377487.

DISCRIMINACIÓN
POR ORIENTACIÓN SEXUAL

Soy homosexual y lo digo con orgullo

POR ALE DEL CASTILLO

Nacer en 1968 no fue coincidencia, José llegó al mundo en un año de lucha.

Exactamente un año después, el 27 de junio en el bar Stonewall, en el barrio de Nueva York, el movimiento homosexual comenzaba a demandar derechos a nivel internacional en Estados Unidos.

José fue el sexto de 10 hermanos y en las estadísticas que versan que uno de cada 10 personas es gay, su familia cumplió con la cuota: José es gay y lo sabía desde muy pequeño; su historia no siempre ha sido fácil.

Las presiones económicas para la familia de José eran muchas y, como vivían en provincia, decidieron intentar probar suerte en la capital del país, adonde se mudaron a casa de la abuela y la tía.

Ahí José se convirtió en el favorito de la familia y gozaba de beneficios que sus hermanos no. Siempre había mimos y privilegios para él y eso lo hacía alejarse de su mamá y sus hermanos, además se educó con la idea de discriminar a los de piel morena y que no eran como él, blancos y con los ojitos claros. José se convirtió en un niño maleducado y consentido.

Su papá transitaba por la familia como un fantasma, pasaba largas temporadas fuera de casa por el trabajo y al regresar se convertía en un extraño que con el pasar de los días volvía de nuevo a ser el papá.

Después de algún viaje de meses el retorno de papá a casa le parecía un tanto incómodo a José, miraba en él a un hombre hosco, varonil, fuerte, y eso le hacía sentir miedo. Tenía cuatro o cinco años cuando escuchó de su padre frases como: "No camines como vieja", "Pareces niña", y pidió a su madre que le recortara el cabello porque ese "corte de principito" lo hacía lucir como una niña. José sufrió por aquel suceso porque a él le gustaba su imagen y no se sentía cómodo con el cabello tan corto.

De sus primeros años de educación se hizo cargo la abuela y a primero de primaria llegó dos meses tarde sin haber conocido antes un espacio educativo con niños como él.

José pasó una infancia entre juegos en las calles. Trepaba los árboles o jugaba carreterita, las "traes" o cualquier otro juego popular de la época; aprovechaba para correr en un gran campo que había frente a su casa. También a esa edad descubría que tenía una especie de fijación a los varones; nunca sintió esto por las niñas, pero sí disfrutaba la atracción que sentía hacia los niños de su edad o un poco más grandes que lideraban en los juegos y tuvo alguna especie de enamoramientos infantiles y platónicos con algunos de ellos.

Los escarceos sexuales y tocamientos con otros niños también le sucedieron a temprana edad y poseía esa inocencia de no poner nombre a las cosas, de no saber qué es exactamente lo que pasa y que no tuviera trascendencia alguna; esas situaciones simplemente sucedían entre juegos.

Un recuerdo que marcó a José se remonta a los viajes que hacía con su madre al mercado, justo cuando llegaba el escalofriante momento de pasar frente al quiosco de las revistas y tener a la escasa altura de su niñez las fotografías de *La Prensa* o el *Alarma!* con encabezados como: "Maricón estrangulado". Sin saber el significado justo, preciso y claro de esa palabra, José se sentía aludido y eso le producía miedo; pensaba que algo andaba mal.

Años después, la madre de José solicitó a su padre cambiarse de casa e independizarse. Toda la familia se mudó a tres calles del domicilio de la abuela. La situación para entonces era más estable, el jefe de familia había conseguido un trabajo en la capital y había dejado de viajar. De todas formas, para su madre era mucho trabajo hacerse cargo de 10 niños y poner atención a todos.

El inmueble al que se mudaron era compartido con otras familias. Cuando José tenía ocho años, llegaron a vivir ahí los Mendoza, con cuyos hijos menores hizo buena amistad.

Alejandro era un año menor que él y Pedro cuatro años más grande que José. Sin tener concepto alguno del amor, José se enamoró de Pedro; de él le gustaba que fuera líder, aventurero e intrépido. Lo hacía sentir seguro cuando en las estrategias en el futbol americano lo elegía a él para las jugadas importantes; lo hacía sentir privilegiado porque le prestaba aquella vieja bicicleta Crush que se había comprado con su trabajo y que a nadie dejaba tocar; también agradecía que lo defendiera cuando en los juegos se referían a él como "pinche jotito". Pedro cambió la vida de José.

Entre juegos y travesuras, José y Pedro comenzaron a tener una relación de complicidad que con el tiempo se convirtió en algo más. La cercanía y la amistad sobrepasaba la relación que aquellos niños mantenían y que poco a poco también se fue tornando erótica. Probablemente ninguno de los dos entendía de conceptos como el amor o el sexo, pero ambos lo disfrutaban. José y Pedro hacían un gran equipo.

Para ninguno de los dos era ajena esa situación porque sabían de otros niños que hacían esas mismas cosas, sobre todo en los baños de la escuela.

Alguna vez sucedió que estando José en el baño de la primaria, otro de sus compañeros más grande jugara a mostrarle el pene. Justo en ese momento entró Chucho, compañero de salón y vecino de José, quien al grito de "¡Eeeeh, ya los vi que están de putos!", salió corriendo y el solo suceso valió para que José fuera chantajeado por meses, bajo amenaza de acusarlos con la maestra; pero el peor miedo que tenía era que aquella situación llegara a oídos de su abuela.

Los chantajes variaban, a veces José llevaba dos tortas a la escuela y el pretexto que daba a su madre es que no se llenaba con

una para el refrigerio. Cuando la torta extra no era un tributo suficiente, entonces Chucho pedía dinero y José se limitaba a entregar-
le todo lo que tenía.

La situación se volvió insoportable para José, porque significaba
cargar con un enorme secreto. Alguna vez entre lágrimas se lo confesó a Pedro; el chantaje se había alargado tanto tiempo como había
podido soportarlo, aunque no por eso José no sentía feo. Pedro le
preguntó quién era el personaje que se aprovechaba de él de esa manera y no tardó en ponerlo en su lugar para que cesara el chantaje.
José sabía que aquella relación que mantenía con Pedro era especial
y no la sentía igual a los juegos, los tocamientos y las situaciones
que sucedían con otros niños en los baños.

Pasaron los años y la relación se mantuvo hasta que a José lo
alcanzó la pubertad y comenzaron el rechazo y los conflictos. La posibilidad de racionalizar un sentimiento que hasta entonces no tenía
nombre, condición, ni forma, empezó a generar problemas.

José tenía 13 años cuando después de beber una cerveza en
una fiesta se envalentonó para declarar su amor:

—Es que yo te amo —le confesó a Pedro.

—No, José, tú no puedes decir eso —negó Pedro—, tú eres hombre, tú tienes que amar a las mujeres.

—¡Noooo!, me vale, yo te amo a ti —insistió.

La situación se mantuvo así un par de años más, hasta que la
última vez que se vieron fue en el viaje a una fiesta de 15 años en
la que Alejandro y él participaban como chambelanes. Esa vez
fue la despedida.

Pedro se mudó a Estados Unidos durante la primavera de 1984
y con ello se marchaba definitivamente de la vida de José.

José siempre mantuvo la esperanza de reencontrarse con Pedro. Ahora, con años de distancia, supone que este último ya descubrió que después de tanto tiempo, lo que existía entre ellos significaba una relación homosexual, en la que él no se asumía como
tal y temía los problemas que vendrían para ambos si alguien se
enterara.

Esa separación fue una de las circunstancias que más le ha dolido a José en la vida. Lloró mucho y por mucho tiempo; se la pasaba deprimido y no renunció a la posibilidad de verlo regresar. Era un adolescente y no sabía cómo manejarlo.

Cuatro años después, José recibió la noticia de que Pedro se casaba. La depresión había desaparecido pero el corazón todavía le llamaba. Transcurrió un largo tiempo en el que no se habían visto y, mucho menos, hablado del tema, aunque José lo intentara.

Cuando José tocaba el asunto, Pedro replicaba: "No sé de qué hablas".

Las veces que entrado en copas José llamó a Pedro a Estados Unidos, le hablaba sobre aquellos sentimientos y recibía una respuesta evasiva: "Eso ya pasó, eso ya no existe, ya olvídalo, no es bueno, no es sano para ti ni para mí".

En un arranque con la noticia de la boda, José trabajó, vendió todo, pidió dinero prestado y tomó un avión hacia Chicago para pedirle una última relación como despedida. José pensó en mil locuras y dramas. Cuando lo tuvo frente a él, lo miró diferente, pensó que no tenía derecho a destrozarle la felicidad, ni su vida; no hubo palabras ni reclamos, y se cerró el círculo.

Si hubiera podido decirle algo, le pediría que no se sintiera culpable de una circunstancia que compartieron y que sin considerarla buena o mala, sólo sucedió. José desconoce si para Pedro fue algo malo, pero piensa que para él no, sobre todo cuando recuerda a aquel señor que trabajaba en el taller de la familia de Pedro, quien disfrutaba acosarlo y en alguna ocasión intentó abusar de él, pero logró escabullirse. Para José iniciar su vida amorosa y sexual con Pedro siempre se mantendrá como un buen recuerdo.

Pedro nunca pudo articular palabras sobre el tema, José sí. A pesar de ese silencio, José sabe que Pedro lo quiso mucho. A su regreso de Estados Unidos, José retomó su vida.

La primera vez en la que José sintió que se le habló de sexo de manera correcta, fue con su maestra de biología en tercero de secundaria. Aquel personaje no dejaba a un lado los planes de estudio oficiales pero trataba de complementar la formación de los chicos, sobre todos para darles herramientas en los rubros de sexualidad.

José comenzó una vida heterosexual por la presión social tan grande que sufría, y como no era feo, las niñas lo seguían y a él le gustaba darse a desear. Por un momento pensó que la historia con Pedro había sido temporal y se camufló con noviazgos con las chicas más bonitas de la secundaria y la prepa. Tuvo tres novias mientras seguía enamorándose platónicamente de algunos de sus compañeros.

Su actitud era contenida y mesurada, sabía que a los chicos afeminados los agarraban de bajada y él no quería eso para sí. Le parecía mejor mantenerse con un bajo perfil para evitar las burlas y la discriminación; aun con eso podía saber que aquellos quienes vivían en esa circunstancia la pasaban muy mal.

Los medios de comunicación habían sido muy claros con ese mensaje: ser puto te podía llevar a la muerte, ser joto era suficiente razón para recibir una madriza, los mariquitas se van a la cárcel… siempre había el señalamiento, no faltaba el zape o la pamba, las burlas, y que sobraran motivaciones para molestar.

José no deseaba vivir esa circunstancia por nada del mundo, tampoco practicó esas acciones, sin embargo, sabe que de igual manera nunca defendió a nadie en esa condición y eso lo hacía cómplice.

Luego eligió un maestro para acercarse a compartirle su situación. El docente lo orientó y le aconsejó definirse, y al mismo tiempo lo canalizó con una psicóloga para que lo acompañara en el proceso.

Las inquietudes sobre su sexualidad comenzaron a arrojar revelaciones. Primero confirmó que era gay y que andaba con las chicas porque eso le otorgaba estatus y seguridad, pero era una forma de autoencubrimiento y autoengaño.

Así, José inició una vida homosexual dentro de un mundo heterosexual; esto es, comenzó a mantener relaciones sexuales con gente heterosexual.

Todas esas relaciones no pasaron de ser un secreto de honor, nadie abría la boca para hablar sobre ello. El tema del sida comenzó a esparcirse entre miedo y escasa información. José piensa que si algo influyó en que él no se contagiara, fue que siempre mantuvo sus contactos sexuales con gente que se asumía como heterosexual, que tenía novia y "necesidades".

Aquel profesor que de forma vocacional y sin ningún interés se ofreció a acompañar a José en su proceso, también puso a su alcance herramientas formativas a través de talleres de sexualidad, en los que se incluía información para evitar infectarse de VIH.

José anduvo de fiesta durante años con un sonidero con el que ganaba algún dinero. En el ambiente festivo descubrió eso que llama Freud "homosexualidad latente" y que se daba precisamente en los espacios más reprimidos y machistas.

Eran finales de los años ochenta y las cosas en el mundo comenzaban a cambiar en torno al tema gay. Llegó el VIH y se empezó a hablar del condón.

Para 1992, José ya había cursado cinco talleres de sexo seguro, conocía el uso del condón y el lubricante, pero todavía lidiaba con su homofobia interna. Sentía miedo y pensaba: "Ellos son putos, yo soy gay". *Salir del clóset* se convertía en un asunto complicado y necesario.

Comenzó a frecuentar bares y discotecas gay, pero se sentía incómodo. Encontraba la seguridad en los espacios heterosexuales a los que estaba acostumbrado, hasta que un día se dejó ligar y pudo sentirse confortable e identificarse con los espacios gay.

Su vida parecía divertida, pero José sentía un gran vacío; se permeaba en el amor, pero sólo de una forma física y material.

José terminó la prepa y se puso a trabajar hasta que tuvo oportunidad estudiar de nuevo con el apoyo de su madre. Entró a la Universidad Autónoma Metropolitana en Xochimilco a estudiar Ciencias de la Comunicación y disfrutó esa etapa lo más que pudo.

Cuando cursaba el tercer cuatrimestre, María Victoria Llamas se presentó a una conferencia. Habló del periodismo y entre otros temas abordó su salida de Televisa debido a un reportaje en el que proponía una nueva perspectiva para dejar de señalar a los homosexuales como causantes del sida. La empresa televisiva se negó a transmitirlo y eso ocasionó su renuncia.

Entre el público alguien preguntó las razones de tal investigación, ella señaló un motivo personal que involucraba a un familiar que había sufrido mucho por su condición homosexual, y lo consideraba como algo ético y justo. José se conmovió con aquellas palabras.

María Victoria argumentó que seguramente en aquel auditorio había personas homosexuales que no se atrevían a decirlo porque conocían las consecuencias del rechazo y el estigma que caería sobre ellas. "Yo le daría un aplauso si alguien en esta sala dice: 'Soy homosexual', y lo dice con orgullo", expresó la periodista frente a la audiencia.

"¿Lo hago o no lo hago?", pensó José mientras hasta adelante una chica lesbiana se levantaba de su asiento; secundó uno de los profesores en el aula y luego se levantó José.

"Lo haces por llamar la atención", le dijeron. "No andes haciendo esas puterías", comentaron. "¡¿Cómo vas a ser puto?!", exclamaron.

José perdió algunos amigos y con los que se quedaron cerca comenzaron juntos un proceso de educación. "Lo gay no se pega", trataba de comunicar. De ahí en adelante todos sus trabajos fueron sobre ese tema, incluso su tesis para graduarse.

En una clase presentó un proyecto fotográfico con la temática de un ligue gay. Una de sus compañeras tenía un trabajo casi igual, pero con tópico heterosexual. Ella tuvo 10 y José, seis; el argumento fue: "Técnicamente lo que yo te enseñé lo estás aplicando, pero es una putería".

José defendió su trabajo ante un consejo universitario y ganó la disputa. Años después topó de frente al profesor y entre ellos había una pareja gay besándose en la universidad.

En ese mismo año *salió del clóset* para mostrarse a sus hermanos en una discusión familiar durante la cual lo llamaron "marica".

Sus padres no se enteraron y sus hermanas le aconsejaron que no le dijera a su papá por cuatro razones: podría matarlo, le podía dar un infarto, podía pegarle y era probable que lo corriera de la casa. "Estoy dispuesto a que me pegue o me mate, yo no voy a cambiar", les dijo José.

Más adelante sus padres se enteraron. Su madre lo reconoció en amor y le compartió la preocupación que siempre sintió desde que era niño, porque no quería que le pasara nada como lo que veían en los periódicos de camino al mercado. Su padre, en cambio, no lo aceptó, le retiró la palabra durante años y le dijo que eso era lo "más deshonroso para un hombre".

Un lustro más tarde volvieron a hablarse tras una conversación telefónica que sostuvieron mientras José vivía en Canadá y había dejado la escuela. Entonces le expresó: "Yo te quiero mucho, te admiro y te puedo odiar porque me has rechazado como hijo, pero no te puedo odiar porque te quiero".

Dos años después, de vuelta a la universidad, empezó a hacer labor como activista en Letra S (una organización sin fines de lucro que difunde información sobre VIH/sida, derechos humanos, sexuales y reproductivos, entre otros). Canadá lo había dotado de esa experiencia y retornó a su país, México, para continuar esa misión informativa y de prevención. José siempre ha creído en el activismo.

Letra S le dio un espacio para trabajar, formarse, hacer activismo y adquirir mayor dominio en temas sobre homosexualidad, salud, feminismo, VIH/sida, etcétera.

Estuvo en la Comisión Ciudadana por Crímenes de Odio por Homofobia y revisó 200 notas periodísticas sobre esos rubros para Letra S. Eso le valió dejar de dormir y recordar aquellos días de infancia donde se enteraba de los asesinatos en los diarios cuando caminaba hacia el mercado con su madre. Tenía claro el mensaje de los medios sobre los homosexuales; también conocía la suerte de otros activistas que fueron privados de la vida de manera violenta por sus labores de concientización y su trabajo social.

El periodismo que practica lo ha abordado desde el activismo social, y aunque lo han atacado, él ha aceptado las críticas. Su postura personal fue siempre luchar por algo.

Cuando tuvo oportunidad de reportear sobre lo que sucedía en el último vagón del metro por las noches y que se convertía en un lugar de ligue para chicos y chicas gay, comprobó la existencia de esas historias y prefirió perder la nota. Sabía que difundirla significaba perjudicar un valioso espacio que ganaba un colectivo marginado. "No le voy a hacer daño a mi gente", pensó.

Mientras transcurría el tiempo tuvo varias relaciones, pero ninguna se concretó como algo formal y estable.

En 2003 ya cumplía cinco años como periodista y activista; salía de una relación que lo había dejado vulnerable y nunca pensó que un 15 de enero cambiaría su existencia.

De regreso a casa decidió beber una cerveza en un bar de barrio. Le gustó un chico, pero vio la diferencia y pensó que no era de su tipo. Alguien intervino para presentarlos y así Ernesto conoció a José; desde entonces no se ha ido de su vida.

Existen entre ellos algunas diferencias, pero hasta ahora han sabido arreglarlas. Con él ha encontrado estabilidad emocional y ha conformado sin planearlo un proyecto de pareja.

En 2006, para dar continuidad a su labor como activista, participó en el proceso de las sociedades de convivencia en las que también se convirtió en actor, construyendo para él y para todos.

José y Ernesto se convivenciaron a principios de 2007. Para José aquel acto era un logro profesional y sentimental.

Con una pareja estable y un compromiso sentimental importante, venía un siguiente paso: pensar en la posibilidad de trascender desde otro ser humano.

José siempre quiso ser padre, aunque sabía que de manera biológica sería casi imposible, pero en su camino estaba intentarlo. Así que comenzaron a planearlo y a luchar por ello. Ahora, José y Ernesto están en espera de un bebé para formar una nueva familia.

▶ *La homofobia* se refiere al "miedo irracional —la fobia— a personas con una práctica sexual homosexual". Sin embargo, las conductas homofóbicas tienen una raíz mucho más profunda que gira en torno a la defensa de formas de sociedad homogeneizantes y patriarcales donde el hombre, macho, viril y heterosexual, ocupa la posición dominante y la mujer cumple una función reproductiva y protectora. Este miedo irracional hacia las personas con preferencia homosexual, o hacia quienes parecen serlo, se suele expresar en rechazo, discriminación, ridiculización y otras formas de violencia.[1]

▶ En 2003, mediante la aprobación de la Ley Federal para Prevenir y Eliminar la Discriminación, se prohibió la discriminación, entendida como toda distinción basada, entre otros motivos, en el sexo, opiniones, preferencias sexuales, estado civil o cualquiera otra, que tenga por efecto impedir o anular el reconocimiento o el ejercicio de los derechos y la igualdad real de oportunidades de las personas.[2]

▶ En 2010, la Suprema Corte de Justicia de la Nación (SCJN) reconoció tanto el matrimonio entre parejas del mismo sexo como la posibilidad de adopción de hijos. Sin embargo, aún no se reforman los códigos civiles y constituciones locales para que se armonicen sus legislaciones en cuanto al matrimonio y la adopción por parte de las parejas del mismo sexo.[3]

● La discriminación por homofobia prevalece en nuestro país. De acuerdo con la segunda Encuesta Nacional sobre Discrimina-

---

[1] *El combate a la homofobia: entre avances y desafíos*, Conapred, México, 2012.
[2] *Idem.*
[3] *Idem.*

ción en México 2010 (Enadis), 83.4% de mexicanos y mexicanas reportó que alguna vez ha sentido que sus derechos no han sido respetados por motivos de preferencia sexual.[4]

- La Enadis 2010 hace visibles algunos aspectos fundamentales sobre la situación de desventaja y discriminación que enfrentan las personas homosexuales en nuestro país; por ejemplo, las personas homosexuales perciben más intolerancia de la *policía* (42.8%) y la *gente de su iglesia o congregación* (35.3%). En contraste, encuentran que son tolerantes sus *amigos* (82.9%), su *familia* (75.4%) y los *servicios de salud* (57.7%).[5]
- La Primera Encuesta Nacional sobre *Bullying* Homofóbico revela que 75% de los gays sufrió algún tipo de *bullying* homofóbico en la escuela, principalmente a través de burlas e insultos, pero también golpes y abuso sexual de sus compañeros.[6]

✔ El conocimiento científico actual nos dice que la persona homosexual "nace, no se hace", pero existe todo un periodo durante la infancia donde la persona ni los que conviven con ese niño pueden asegurar que es homosexual, porque no se ha desarrollado esta atracción erótica. Hay épocas en que los niños hacen el "Club de Toby" y odian a las niñas y esto no significa que sean homosexuales, etcétera. Cuando empieza a desencadenarse la pubertad, que forma parte de la infancia todavía, los niños comienzan a darse cuenta de que les atraen más las personas de su mismo género, entonces viene todo el proceso: primero el darse cuenta de que se es diferente y de llegar a asumirse como homosexual. Este proceso de aceptación puede ser un periodo de una semana, de un año, o de 10, dependiendo de qué tanto la persona tiene telarañas que le

---

4 *Idem.*

5 *Idem.*

6 "Siete de cada 10 personas de la diversidad sufrieron *bullying* homofóbico en la escuela", *Ladobe*, 15 de mayo de 2012, recuperado el 15 de abril de 2012, http://ladobe.com.mx/2012/05/7-de-10-gays-sufrieron-de-bullying-homofobico-en-la-escuela/.

impiden aceptar su preferencia. Por lo tanto, no podemos hablar de niños homosexuales, pero sí podemos hablar de que la homosexualidad se establece desde el nacimiento. Tenemos que educar en la sexualidad desde preescolar; desde el punto de vista profesional, la educación de la sexualidad gira en torno a cuatro valores: el respeto, la responsabilidad, la tolerancia y el amor; es aprender a respetar a aquellas personas que son diferentes a los otros porque tienen orejas grandes, porque son menos *machines*, porque son medio afeminados, porque usan lentes de fondo de botella, porque son indígenas o porque no hablan bien el español... Debido a mil y un causas por las cuales se da la discriminación y subsecuentemente el *bullying,* tendríamos que implantar una educación de la sexualidad implantada en estos cuatro valores y que nos enseñen a todos a respetar la diversidad.

JUAN LUIS ÁLVAREZ-GAYOU JURGENSON
fundador y director del Instituto Mexicano de Sexología
(Imesex)

¿Alguna vez has sido testigo de alguien que use un lenguaje despectivo contra las personas gay?

❑ Sí y yo también lo hago.
❑ Sí, todo el tiempo. Les llaman de muchas formas como: puto, joto, lilo, chulo, marica, loca, puñal, mayate, chichifo, etcétera.
❑ Sí, me ofende y me molesta que se refieran a ellos de una forma despectiva.

Visita:
Letra S
http://www.letraese.org.mx/

Eduardo se acabó

POR ALE DEL CASTILLO

Por fin se animó a levantarle la falda a una de sus compañeras. Eduardo trató de contrarrestar tantas veces que le dijeron "jotito" y entró al juego con un poco de rebeldía; nunca se dio cuenta de que el director lo miraba. Recibió una regañiza y aquel día mandaron llamar a sus padres, lo castigarían para que aprendiera a respetar a las niñas, así que durante toda una semana iría con el uniforme completo de las chicas: llevaría falda.

Su padre se negó y pronto vino la amenaza de la expulsión; así, tuvo que aceptar el castigo para Eduardo.

"No porque traigas falda vas a decir que ya te estamos dando permiso de hacer tus joterías", le asestó su padre.

Aquel castigo era lo mejor que le podía haber pasado a Eduardo. En ese momento bajó la cabeza, guardó silencio y aceptó aquel regaño que venía de su papá. Esa semana sería como su sueño hecho realidad. Los compañeros le decían: "¡Ya ves!, por alzarle la falda a las niñas te tienes que aguantar", y en el fondo lo apoyaban por no echarlos de cabeza. Las chicas le decían: "Es que te ves mejor así", y eso lo animaba.

Esos cinco días fueron muy felices para Eduardo; tanto, que se apuraba más con la tarea y hacía todo con más alegría. Jamás imaginó que lo que vivía fuera posible, descubrió que se sentía como nunca antes. Terminó su castigo y volvió a su triste realidad.

Eduardo nació un día de mayo y compartió el vientre materno con su hermana Beatriz; nacieron cuates.

Desde los cinco o seis años se dio cuenta de que no le gustaban el futbol ni las luchas, mucho menos los carritos; llamaban más su atención las muñecas y los pequeños bebés de juguete propiedad de sus hermanas. Desde entonces comenzó a preguntarse: "¿Por qué?"

Alguna vez tuvo la inquietud de acercarse a esos muñecos bebés para abrazarlos y notó la reacción de su padre: "¡No debes hacer eso! Eso no es para ti", lo reprendió y el momento se quedó muy grabado en su memoria. Luego comenzaron las preguntas:

—¿Por qué yo no llevo batita como las niñas? —preguntó Eduardo a su mamá.

—Es que tú no... porque es para las niñas; pero tú eres un niño, así que debes comportarte como tal —contestó su madre tratando de explicarle.

Desde muy pequeño su relación con los varones era muy escasa, Eduardo prefería quedarse con las mujercitas dibujando o haciendo cualquier otra cosa.

Recuerda que a los siete años comenzó a experimentar otras sensaciones con su cuerpo. A todos los hermanos los habían llevado a nadar y él podía apreciar las diferencias en los trajes de baño y se preguntaba una vez más por qué él no podía usar uno como el de las chicas. La respuesta fue la misma: "Ya te he dicho que eso es para las niñas... tú eres un niño y te debes portar como tal".

Sin embargo, Eduardo sentía el mismo pudor que las niñas, no quería que nadie le mirara su pequeño torso desnudo, mucho menos un varón.

Sus papás pensaron que era algo pasajero o que algo no comprendía con claridad, mientras tanto esperarían a que se desarrollara y ambos acordarían mostrar firmeza con su educación. Siempre que resultaba necesario le recordaban que él era un niño y así trataban de enseñarle a hacer cosas inherentes a su género y no le permitían pasar mucho tiempo ni con su mamá, ni sus hermanas, para no consentirlo.

Eduardo percibía que algo parecido le sucedía también a Beatriz, su hermana. Mientras él prefería las muñecas, a ella le gustaban los carritos. Cuando esta última pedía llevar el cabello siempre corto, a él se lo cortaban siempre que le crecía. Mientras él tenía un espíritu mucho más dulce, a ella le gustaba la rudeza.

El día que hicieron su primera comunión, Eduardo no quería ir de traje y se lo dijo a su mamá.

—¿Entonces de qué quieres ir? —preguntó su madre.

—Yo quiero ir como mi hermana —contestó Eduardo con sus 10 años de edad.

—¿Otra vez vas a empezar con esas pendejadas? —fue la respuesta de su mamá y después aconteció un terrible regaño.

Eduardo se quedaba con el sentimiento atorado después de cada una de esas respuestas.

Los regaños hicieron que esperara a estar solo en la casa para vestirse con la ropa de su hermana. Elegía el vestido y se ponía a jugar, o se entretenía mirándose al espejo. Tomaba una toalla y se la enredaba en la cabeza para que su cabello pareciera largo, entonces miraba su sombra. Se sentía como realmente quería sentirse y durante aquellos instantes fugaces disfrutaba ser feliz.

Calculaba el tiempo y pronto todo lo dejaba en su lugar como si nada hubiera pasado. Eduardo percibía que su hermana se daba cuenta, pero que no decía nada porque ella hacía lo mismo con su ropa. Los papás de ambos notaban que había algo cruzado en el comportamiento de sus hijos, pero concluían que eran caprichos o que tal vez no comprendían su rol.

Los regaños hacia su hermana eran iguales pero mucho más sutiles: "Eso es de tu hermano, déjalo, tú tienes tus muñecas". Eduardo siente que era así, porque él era el único varón en la familia.

Así pasó el tiempo hasta que comenzó a desarrollarse y en la escuela no pudo evitar los comentarios: "No le hablen porque es jotito". Con ello, Eduardo trataba de comportarse como un niño igual que los demás y se preguntaba qué es lo que veían en él para identificarlo como tal, no sabía si era por su forma de caminar o de hablar, tal vez los ademanes; entonces retornaban las consigas: "Éste es maricón", "Es más niña", "Llora como niña"… y él no se defendía. ¿Qué podía decir ante todo eso?

Eduardo temía responder y que sus papás se enteraran, pensaba que después de eso le pondrían "una chinga" o que lo madrearían hasta matarlo, entonces decidía guardar silencio.

En la adolescencia llegó el momento de experimentar y comenzaba a deprimirse cuando sus primos le preguntaban si él también se "chaqueteaba" como ellos. Llegaba la hora del baño y al mirarse los genitales sentía que algo estaba mal, como cuando la gente se deprime por algo que ves de ti y no te gusta. Y las preguntas no dejaban de rondarle por la cabeza: "¿Por qué me pasa esto?"

Trataba de hacer las cosas así como sus primos, pero en lugar de sentir placer, experimentaba miedo de tocarse a sí mismo. Luego se repetía: "No, esto no es lo mío, me siento mal", y dejaba de intentarlo.

Para cumplir 15 años se deprimió muchísimo, pues anhelaba una fiesta alusiva. Soñaba con eso y pensaba que para la pubertad se convertiría por fin en una niña. Creía que le crecerían los pechos y que con ello vendría todo lo demás.

No dudaba en ponerse debajo de la luz de la luna llena y formular un hechizo mágico para convertirse en una niña al despertar. Pero al amanecer, eso tampoco sucedía.

Celebraron sus 15 años con un pastel y no pasó más. Luego vino la presión social en la familia, lo cuestionaban por no tener novia. Decidió intentarlo, andaba un mes con sus novias y como no funcionaba terminaba sus relaciones o se enfrentaba a cuestionamientos como: "¿Por qué no me besas? ¿Es que eres joto?"

Sus relaciones concluían en largas charlas. "Es que tú no te comportas como el clásico chico que nos abraza, nos da la mano; que nos besa." Las pláticas de novios se convertían en charlas de amigas donde se comprendían mutuamente y juntos terminaban por convertirse en amigos confidenciales.

No se podría decir que Eduardo no intentó andar con las chicas, tuvo 37 relaciones con ellas, todas "bien bonitas".

La única vez que algún noviazgo avanzó un año y estuvo a punto de matener relaciones sexuales, Eduardo no pudo, nunca tuvo una erección y se preguntaba constantemente: "¿Qué hago aquí?", pero su deseo más grande era estar con esa chica pero como una mujer; deseaba que ella quisiera estar con él siendo una chica.

Pensaba: "No me gusta cómo soy y yo quiero estar con una niña pero como una niña; que me quiera por ser niña, no por ser niño". En esa relación también terminaron como "amigas".

El sentimiento se hacía tan grande en Eduardo que de verdad pensaba que necesitaba ayuda, quería visitar a un psicólogo o alguien que lo orientara, porque su aflicción crecía incontrolablemente.

"Yo no me siento ese niño que todos dicen que soy; por más que me miraba en el espejo me decía: '¿Sí soy esto?', pues no."

Pronto se acercó su abuelo y le sugirió: "¿Por qué no te metes al seminario?, a lo mejor no andas con nadie y no te metes con ninguna porque estás llamado por Dios; tengo un amigo sacerdote que te puede ayudar."

Eduardo accedió. En el seminario terminó la carrera de teología y de filosofía; estaba a un año de ordenarse como clérigo cuando las dudas lo acosaron de nuevo.

Él veía que en la comunidad había uno que otro chico gay pero no sucedía más. Pensaba que él no era nada más gay, había algo más fuerte en su ser que no sabía explicar. El camino en el seminario lo había vuelto muy espiritual y en esos momentos sólo encontró paz. El proceso le cambió la forma de ver la vida, aprendió muchas cosas, pero el sentimiento de sentirse como una chica no lo dejó nunca.

Eduardo se observaba en el espejo y no se hallaba; se decía a sí mismo: "Si voy a ser algo adentro de la iglesia, voy a ser monja". Pensaba en el futuro: "¿Qué haré con mi vida?" Repasaba la situación: si dejaba el seminario se armaba la revolución en su casa porque todos esperaban con ansia el momento en que se ordenara para tener un cura en la familia. Pese a todo, lo enfrentó.

—¡Cómo! Ya te falta un año —le dijeron en casa.

—Me faltará lo que quieran, pero pues no. No quiero —entonces externó que deseaba estudiar comunicación, terminar una carrera, y también que quería casarse.

En su casa argumentaron sus buenas calificaciones y la vocación que el padre había detectado en él. Recalcaron su facilidad por acercarse y ayudar a la gente, la confianza que les producía, que su actitud tan positiva serviría para ser buen párroco.

Eduardo sólo pensaba: "¿De qué me servirá ordenarme sacerdote y sentir esto?... ¿De qué va a servir que yo atienda a la demás gente si no puedo atenderme a mí? No voy a poder con eso".

Habló con el rector y con su asesor espiritual; Eduardo les manifestó todo lo que sentía y lo atribuyeron a que se encontraba en un "proceso de confusión". Lo alentaron a ver la vida de otra forma y consideraron que eso que sentía era "cosa del demonio, tentaciones... porque podía ser un buen sacerdote".

En el proceso pidió un permiso en el cual contemplaba que si lograba ver las cosas diferentes y descubría que su vocación estaba en el sacerdocio, regresaba y se ordenaba. Eduardo necesitaba estar seguro al cien por ciento de lo que iba a hacer. En el seminario aceptaron su propuesta.

Volvió a casa y sus papás lo cuestionaron: "¿Qué vas a hacer?" Presentó su examen para la UNAM y se quedó en la carrera de comunicación. Así comenzó la universidad.

Nunca fue un estudiante muy sociable y se dedicó a sus deberes. Llegaba de la escuela y se encerraba a estudiar, ponía la radio, hacía sus tareas y trabajos, se distraía en el cine o en las maquinitas, realizaba cualquier cosa que lo pudiera distraer de lo que sentía.

A sus 24 años pensó que debía resignarse a ser ese hombre que todos decían que era, pensó en dejarse de "mensadas" e intentar casarse y formar una familia. Estaba desilusionado. En medio de la resignación llegó a la biblioteca de la escuela, entre todos los libros encontró uno de sexualidad y lo tomó; el título era: *Sexualidad e intersexualidad*. Lo llevó a casa, olvidó la tarea y comenzó a leerlo.

Tardó una semana en terminar la publicación, comprendió lo que significaba ser un hermafrodita y todo ese asunto de los cromosomas. Al final del libro encontró una sección sobre transexualidad y un glosario; también lo leyó con atención y entendió el concepto de *disforia de género*.

En las últimas páginas halló la dirección electrónica del médico estadounidense que era autor del libro, y un test que servía para determinar si quien lo contestaba era una persona transgénero, intersexual o travesti. Eduardo respondió con sinceridad cada apartado. De 80 preguntas, detectó que 99.9% se refería a cosas que él sentía.

De aquellas preguntas recuerda: "¿Te has travestido en tu niñez y adolescencia de mujer?" "¿Has experimentado culpa por tus genitales?" "¿Has sentido que vives en un cuerpo que no te corresponde?"

Eduardo fue honesto, respondió lo que sentía y la última pregunta —"¿Has sentido que vives en un cuerpo que no te corresponde?"— parecía la respuesta al eterno cuestionamiento que se había hecho desde su niñez. Pasó la página y contabilizó las respuestas, entonces se preocupó por el resultado. "¿Entonces qué soy? —se preguntó— ¿Extraterrestre?"

Tomó pluma y papel y comenzó a escribir una carta para el doctor, le anexó el test, le explicó lo que sentía y le contó su historia. Guardó la carta en un sobre y la puso en el correo. Espero un mes...

La respuesta lo acercó al doctor David Barrios Martínez, un especialista en transexualidad que trataba casos como el que Eduardo indicaba en su misiva. Concertó una cita y cuando llegó a la consulta, en la sala de espera descubrió personas como él. Sintió alivio porque antes de eso pensaba que era el único en el mundo que se percibía así.

En la entrevista comenzó a hablar de su vida. El doctor le diagnosticó un caso de transexualidad, pero le advirtió que primero debían hacer unos exámenes para saber si se trataba de un caso transgénero o de transexualidad.

Para determinarlo, primero habría que hacer pruebas y acceder a una terapia psicológica y sexual para saber qué era lo que necesitaba. Posterior a ello, vendría la terapia hormonal, si es que lo solicitaba.

La terapia sexual se enfocaba en que Eduardo se conociera de forma erótica, que conociera hasta dónde podía llegar, que supiera qué lo motivaba de manera sexual, que conociera sus pensamientos y sus preferencias.

Tales sesiones contribuyeron a que se definiera y dejara de deprimirse. Descubría qué era lo que era y cómo se sentía con eso. Conocía su cuerpo y aprendía de él sin tanto miedo, ni juicio ni prejuicio.

A un año de las terapias, las charlas con la psicóloga y la sexóloga determinaron, tras la valoración, un caso de transexualidad, y dado el diagnóstico, empezarían con el tratamiento hormonal. El doctor le advirtió: "Tienes que saber que no es fácil".

El proceso hormonal significaba, entre otras cosas, que Eduardo debería vestirse como chica y compartir su decisión —y el proceso que venía— con su familia, sus amigos y su entorno. Debía elegir un nombre femenino y entender que todo eso no era fácil porque muchas personas terminaban por suicidarse en el transcurso, pues no pudieron dar ese paso como hubieran deseado.

Eduardo lo aceptó todo y decidió vivirlo a su propio ritmo; primero experimentaría su proceso con las hormonas antes de pasar a lo siguiente.

Continuó su vida normal y se preguntaba cómo les informaría este asunto a todos los que lo rodeaban. Pensó en la rondalla varonil que dirigía en su iglesia, pensó también en su familia. No quería travestirse y ser la burla de todos. Tampoco sabía cómo decirles lo que era, lo que le sucedía y el proceso que enfrentaría.

Dio un paso adelante con la terapia hormonal y optó por compartirlo con su familia. Hablo con sus papás; ellos le dijeron: "Es tu cuerpo, es tu vida... tú sabes lo que haces".

Los tratamientos hormonales suelen ir muy despacio, pero en el caso de Eduardo los resultados comenzaron a notarse en los primeros tres meses. Sus senos empezaron a crecer y sus caderas a ensancharse.

Recuerda que en el pecho experimentaba ardor y procuraba que nada lo rozara, sobre todo cuando viajaba en metro y todavía solía vestirse de traje. Se sentía feliz.

Todo comenzaba a cambiar y notaba que los demás lo miraban como una mujer enfundada en un traje de hombre. Su cabello crecía, sus caderas sobresalían en su cuerpo delgado y la gente comenzaba a llamarle "señorita".

Luego escuchó que se dirigían a él diciendo: "Ésta es una marimacha", sin considerar que portaba vestimenta masculina. Eduardo pensaba que nadie se daba cuenta de los cambios, pero no era así. Un día llegó con sus compañeros de la rondalla de la iglesia y lo abordaron:

—Oye, queremos hablar contigo.

—¿De qué? —preguntó Eduardo que todavía no quería decirles nada.

—Lo que pasa es que... queremos preguntarte... siempre nos preguntan ¿qué hace una chava en una rondalla varonil?

—¿Cómo que una chava? —inquirió Eduardo sorprendido.

—No te lo queríamos decir, pero la verdad es que pareces vieja y eso nos saca de onda. Queremos saber qué onda contigo.

Para ese entonces Eduardo ya llevaba el cabello un tanto largo y solía agarrarlo con una colita de caballo. Pensaba que los demás cambios no debían notarlos.

—Ya te vemos que traes un poquito de chichi, no te hagas... —afirmaron tratando de obtener respuesta de Eduardo.

—No es cierto —alcanzó a contestar, mientras le acosaba la pregunta "¿Qué hago?"

—¡Cómo no! —replicaron.

Entonces decidió contarles a sus compañeros y al final de la explicación los dejó con la boca abierta.

Durante la explicación hubo de todo. Algunos le confesaron que no lo podían creer, otros se mostraron a favor y otros en contra.

Al final prevaleció una postura: "No te vamos a molestar, te apoyamos, pero nada más indícanos cómo decirte para no cagarla". De esta manera Eduardo *salió del clóset* y se comenzó a correr la voz.

"Ese güey es puto y se está volviendo vieja", señalaron algunos mal informados. Para cuando Eduardo se dio cuenta, la colonia entera ya lo sabía, y ante los comentarios y reacciones decidió seguir adelante.

Algunos lo excluyeron, otros no; el proceso que Eduardo vivía se gestaba a una velocidad que a él mismo le costaba aceptar.

En una ocasión lo invitaron a cantarle a una chica, acompañaría a sus compañeros con la guitarra para tocar una melodía que a él le salía muy bien. Se puso la camisa, el pantalón y se fue a la cita.

En la noche, cuando llegaron a la fiesta, el hermano de la chica festejada comenzó a tirarle la onda a Eduardo. "Estás muy bonita, muy simpática, ¿cómo te llamas?", le dijo frente a todos sus amigos, que entre sorprendidos y confundidos abrían más los ojos al presenciar el suceso. Eduardo se sentía incómodo y también incómoda.

Sólo pudo decirle la mitad de la realidad:

—La verdad es que soy un chavo —respondió, porque no se atrevió a decirle que era una chava—. Creo que estás un poquito mal —argumentó.

—Ay no... perdóname, pareces una chava —recibió Eduardo como respuesta.

Cuando escuchó "pareces una chava" no podía creerlo, pensó que el chico que se le había acercado lo estaba "cotorreando" o que estaba tomado y ahí quedó todo, pero la situación comenzaba a repetirse.

En un restaurante con su familia, todos miraban el menú para decidir que comerían, cuando el mesero se acercó y al dirigirse a Eduardo preguntó:

—¿Qué va a ordenar, señorita?

Su abuelo observó consternado la escena.

Luego una chica que pasaba levantó el suéter que se había caído de la silla de Eduardo y le dijo:

—Disculpe, señorita, se le cayó el suéter.

El abuelo miró a Eduardo y preguntó:

—¿Qué onda contigo? ¿Ya te diste cuenta de que pareces una vieja?

Eduardo se defendió primero hablado de moda, y cuando le dijeron que debía cortarse el cabello decidió hablar: "Soy así"... Entonces comenzó la guerra.

Ese día parte de su familia se fue de su lado; le llamaron "engendro", "bicho raro"; le decían de muchas formas: "Lárgate, no te queremos aquí".

Eduardo ya no pasaba como un varón y todos lo notaban. Lo confirmó cuando, al entrar en el baño de caballeros en un restaurante, alguien que salía de ahí se quejó con el gerente, quien se acercó para cuestionarle por qué ella a fuerza quería entrar al sanitario de hombres siendo mujer. Luego le preguntó si era una pervertida o si buscaba sexo con los que se introducían al área de escusados. Eduardo se quedó mudo.

No podía creer que lo hubieran corrido del baño de hombres, ¿qué veían los demás cuando él todavía se aferraba resignadamente a concebirse como varón?

En el metro le sucedía lo mismo. Para ese entonces los policías ya le señalaban los espacios destinados a mujeres, para que los usara.

Eduardo todavía sentía miedo de vestirse como mujer, pero su cuerpo ya no le daba para seguir viviendo como hombre. Sólo así decidió por primera vez comprar su primer atuendo femenino. Eligió una falda de mezclilla, una blusa de tirantitos; seleccionó un bóxer para chica y un top.

Cuando se midió esta última prenda, se sintió feliz porque la llenaba como si fuera hecho justo a la medida de su nuevo cuerpo.

Se vistió para la consulta y le agradó su aspecto. Experimentó miedo al salir pero nadie notó que la chica que andaba temblorosa por las calles era un hombre.

Su cara iba natural, aunque un poco espantada; su cabello iba peinado como siempre lo soñó. Pensó que si alguien reconocía aquel conflicto le pegarían o le dirían "de cosas", pero ese mismo día le cedieron el asiento en el subterráneo y también alguien aprovechó para gritarle: "¡Adiós, hermosa!"

Estaba inmensamente feliz. Cuando llegó a la consulta el doctor le comentó que había cambiado muchísimo y reiteró: "Ahora sí pareces una chica y era lo que querías, ¿no?"

El especialista le preguntó cuál sería su nuevo nombre y hasta ese día Eduardo se acabó. Eligió llamarse como su abuela y lo combinó con el que siempre deseó tener: Ana Sofía.

Saliendo de consulta corrió a perforarse las orejas, se pintó el cabello y se hizo una manicura estilo francés.

Resuelta aquella parte del proceso, vendrían otras situaciones más por resolver.

Sería un problema encontrar empleo. Ana Sofía acudía a las entrevistas y la aceptaban en los trabajos hasta que mostraba sus papeles. No le decían nada, sólo concluían con un "no eres tú, te confundiste".

Pronto entró a laborar en una organización civil, que aprovechó su presencia para atender asuntos de género; así comenzó su misión como activista.

El trabajo le permitió conocer gente, medios de comunicación y adentrarse en la política para tratar temas como la identidad de género.

Ana Sofía se sentía muy feliz de saber que podría tener una credencial de elector expedida por el IFE, su título y su acta de nacimiento como Ana Sofía y no como Eduardo, eso la ayudaría a disminuir la discriminación que algunas veces padeció.

Después de cinco años de activismo, ya tiene su identificación oficial y su partida de nacimiento como Ana Sofía; lo de su título aún está en trámite. Fue la primera mujer transexual en tener una credencial del IFE con su nueva identidad.

Lo que sigue en la vida de Ana Sofía es la planeación de su boda: lleva cuatro años de relación con Laura, una chica transexual con la que comparte todo y recibe comprensión absoluta.

Ella pensaba que nunca iba a enamorarse pero ahora asegura convincente: "El amor te llega... Donde el sentimiento te llama, es a donde te vas. Si el amor está con un chico te vas; con una chica también. El amor es lo que tú sientes. En el amor no importa el envase, es amor".

"Tengo un amor que me comprende, que vive lo mismo que yo. Yo la veo como mujer, ella me ve como mujer."

Ana Sofía posee una vida feliz y planea dedicarse a atender y auxiliar a la gente que, como ella, necesita apoyo. Ahora está levantado su propia organización: Dignidad Trans, donde velará por las personas transgénero y transexuales. Se encargará de planear programas para ellos, buscarles empleo, brindarles asesoraría jurídica, atención psicológica; canalizarlas a instituciones de salud para tener atención médica según sus necesidades.

Quisiera apoyar y atender a chicas como ella, trabajar con los padres de personas transexuales para que no piensen que tienen un fenómeno en casa y acompañarlos en el proceso. "Se trata de apoyar", externa con esperanza. "Dicen que en este mundo si uno no vive para servir, no sirve para vivir, y estamos en lo correcto: el que sirve ayuda y el que no..."

Ana Sofía ahora se ha acercado de nuevo a su familia, espera reunir el capital necesario para acceder a la operación por asignación; mientras tanto, vive sin resentimientos, la vida le ha dado lo que le ha pedido, "me lo ha dado en raciones como lo he podido soportar", asegura contenta.

▶ La homosexualidad se ha definido como el gusto por relacionarse de manera erótica/afectiva con personas del mismo sexo. *La intersexualidad* se refiere a la variabilidad en las características sexuales que generalmente se utilizan para distinguir a hembras y machos. Entonces, la homosexualidad corresponde al ámbito del gusto, el placer, el deseo erótico y el afecto. La homosexualidad es una preferencia u orientación sexual, al igual que la bisexualidad (el gusto por relacionarse con personas de ambos sexos) y la heterosexualidad (cuando dicho gusto está orientado a personas de diferente sexo). Por su parte, la intersexualidad podría situarse en el campo de lo biológico en términos sexuales.

▶ En cambio, el *travestismo*, la *transexualidad* y la *transgeneridad* se ubican en el ámbito de la identidad y la expresión de género (esta última podría especificarse como la manifestación, por medio de ropas y comportamiento, de un género específico).

Las personas travestis adoptan, de manera intermitente, comportamientos y vestimenta del género contrario a su sexo.

Las personas transexuales son las que manifiestan de manera irrevocable su deseo de pertenecer al género distinto a su nacimiento y llevan a cabo una serie de transformaciones corporales —generalmente por medio de tratamiento hormonal y cirugías— que les permite adecuar su cuerpo a su identidad de género.

Finalmente, las personas transgénero son las que adoptan de forma permanente actitudes, comportamientos y vestimenta del género contrario a su sexo, independientemente de si llevan a cabo modificaciones corporales.[1]

---

[1] *La trasgeneridad y la transexualidad en México: en búsqueda del reconocimiento de la identidad de género y la lucha contra la discriminación*, Conapred, México, 2008.

▶ El Informe Especial sobre Violaciones a los Derechos Humanos por Orientación o Preferencia Sexual y por Identidad o Expresión de Género, realizado por la Comisión de Derechos Humanos del Distrito Federal, señala que el prejuicio en el ámbito laboral se manifiesta con mayor agresividad en los casos en los que las personas transgenéricas inician su proceso de adaptación sexogenérica.[2]

● Del 1º de enero de 2011 al 30 de abril de 2012, suman 273 los presuntos actos de discriminación en agravio de las personas LGBTTTI (lesbianas, gays, bisexuales, transexuales, transgénero, travestis e intersexuales). Esta cifra implica 237 quejas (143 en 2011 y 94 en 2012) sobre presuntos actos de discriminación imputables a personas físicas o morales; y 36 reclamaciones (22 en 2011 y 14 en 2012) contra autoridades o servidores públicos federales, por presuntos actos de discriminación.

Dentro de los grupos LGBTTTI, quienes presentaron más quejas en 2011 (76) y en lo que va de 2012 (54), han sido: LGBTTTI (76 en 2011 y 54 en 2012), homosexuales (46 en 2011 y 20 en 2012), lesbianas (14 en 2011 y 9 en 2012), transexuales (tres en 2011 y tres en 2012), y transgéneros (tres en 2011 y cinco en 2012).[3]

● Las principales causas de discriminación fueron las preferencias sexuales (129 en 2011 y 75 en 2012) y la identidad de género (11 en 2011 y siete en 2012).

● Los ámbitos más recurrentes en los que se ha denunciado que se producen los hechos o actos de discriminación que dieron lugar a las quejas fueron: los medios de comunicación, el trabajo, la prestación de servicios al público, la religión y culto, la familia y el espacio político-electoral.[4]

---

2 *El combate a la homofobia: entre avances y desafíos*, Conapred, México, 2012.
3 *Idem.*
4 *Idem.*

✔ A diferencia de la homosexualidad, el niño o la persona que es transexual sabe, desde que tiene memoria, que es una mujer que está metida en un cuerpo equivocado, o sabe que es un hombre que nació en un cuerpo equivocado. Es una lucha permanente, incluso desde la más tierna infancia, para buscar ser reconocido en el rol.

A veces como niña o niño existe la fantasía de que cuando crezca "me voy a volver mujer" o "me voy a volver hombre", pero llega la pubertad y viene el desarrollo, y éste no concuerda con lo que son realmente. En esta discordancia hay una lucha permanente de estas personas por lograr la congruencia a como dé lugar.

Esta lucha los lleva a tres lugares de reasignación: la hormonal, la legal y la quirúrgica. En la quirúrgica, los psicólogos que atienden y acompañan a estas personas no autorizan a los cirujanos a que entren en acción hasta que la persona viva un año en el rol de ese género. Ésta es la mejor vía para determinar realmente qué es lo que se desea hacer.

Estos niños y niñas, a diferencia de los niños afeminados, son personas que están en los cuerpos equivocados. Son mucho más fuertes para defender lo que ellos quieren, porque sus padres los tratan de vestir como niñas y ellos quieren vestirse como niños, o a la inversa, y los padres, la escuela, en todos lados, les pasa lo mismo... Como sucede en este testimonio, cuando él es castigado. En realidad, el castigo fue el gran premio que le dieron porque durante una semana él pudo ser la mujer que ella sentía que era.

Lo que más afecta a estas personas es el rechazo familiar y el rechazo de los pares. En la adolescencia, los pilares que sostienen a una persona son los padres, por un lado, la escuela, por otro, y los pares. Cuando una persona es rechazada por todos estos flancos es cuando se da esta enorme cantidad de suicidios de muchos adolescentes que pertenecen a las diversidades.

JUAN LUIS ÁLVAREZ-GAYOU JURGENSON,
fundador y director del Instituto Mexicano de Sexología (Imesex)

¿Estás familiarizado con el tema de los transexuales?

❑ No y no me interesa.
❑ Sí, me parece complicado y confuso entenderlo.
❑ Considero que necesitamos espacios educativos para comprender la diversidad.

Visita:
Instituto Mexicano de Sexología
http://www.imesex.edu.mx/

CIBERNÉTICO

#Rec

POR ALE DEL CASTILLO

@Ernesto tiene 13 años.

@Ernesto saca su cuenta en Facebook, ahora tendrá un perfil para estar en contacto con sus amigos, divertirse y permanecer al tanto de todo.

@Ernesto pone una foto de perfil y añade a su información sus gustos musicales, sus películas favoritas y su correo electrónico.

@Ernesto recibe algunas solicitudes de algunos de sus compañeros de escuela para ser amigos en Facebook; él acepta.

@Ernesto recibe la solicitud de Miguel, no lo reconoce como uno de sus amigos pero de igual forma lo incluye.

@Ernesto y Miguel chatean, se caen bien. Del Facebook se mudan al Messenger.

@Ernesto descubre que su nuevo amigo Miguel, es Pablo en Messenger.

@Ernesto y Pablo usan la *webcam*, ahora pueden verse.

@Ernesto se conecta después de una semana desde la última vez que habló con Pablo. Vuelven a hablar, Pablo le propone algo que suena divertido.

@Ernesto acepta.

@Ernesto mira por la pantalla cómo Pablo se baja los pantalones, luego los bóxer. Tiene una erección, se masturba. Termina.

@Ernesto cree que es divertido.

@Ernesto y Pablo se despiden.

@Ernesto vuelve a encontrar conectado a Pablo una semana después. Se saludan, cruzan algunas palabras y acuerdan hacer un nuevo video.

@Ernesto se baja los pantalones y los bóxer. Se masturba frente a la *webcam* con Pablo en línea.

@Ernesto mira en la pantalla cómo Pablo toma su turno para tocarse.

@Ernesto cruza algunas palabras con Pablo y luego se despiden.

@Ernesto recibe en su correo una solicitud de Kevin para ser su contacto en Messenger. No lo conoce, pero se parece a Pablo. Acepta.

@Ernesto y Kevin chatean, su nuevo amigo le propone hacer un video masturbándose. Ernesto dice que no porque no está solo en casa.

@Ernesto recibe una nueva solicitud en Facebook de Nick, un desconocido; el perfil no tiene fotografía, pero de todas formas acepta.

@Ernesto y Nick chatean en Facebook, quiere que hagan un video masturbándose. Ernesto dice que no de nuevo porque no está solo en casa.

@Ernesto recibe una amenaza, Nick le indica que sabe que anteriormente hizo un video masturbándose, le enseña fotografías para probarlo.

@Ernesto se espanta cuando Nick amenaza con mandar el video a todos sus amigos de Facebook si no accede a hacer uno nuevo.

@Ernesto siente miedo.

@Ernesto deja pasar los días; cuando vuelve a conectarse al Messenger es la una de la tarde y Kevin aprovecha para contactarlo.

@Ernesto recibe una amenaza de Kevin. Le explica que no sirve su *webcam* pero que tiene que hacer todo lo que él le diga.

@Ernesto siente que no tiene ninguna alternativa. Se baja los pantalones y los bóxer y expone los genitales ante la *webcam*.

@Ernesto apaga la *webcam* abruptamente cuando escucha la llegada de su hermana.

@Ernesto se desconecta del Messenger y teme conectarse a Facebook. El único lugar seguro parece ser su correo electrónico.

@Ernesto recibe un *mail*.

@Ernesto lee:

> "Oye, en verdad yo no estoy jugando.
>
> Mira, ya vi que tu face está bloqueado.
>
> Sólo te diré esto: Yo tengo todos los contactos de tu face y de tu familia; sé dónde vives y a qué escuela vas, si quieres jugar juguemos a mi modo, porque en verdad no te conviene jugar a tu modo.
>
> Te aconsejo que me des una respuesta pronto…"

@Ernesto siente pánico, no puede más con ello y confiesa la situación a sus padres.

@Ernesto y sus padres van a la Procuraduría a levantar una denuncia.

#Save

POR ALE DEL CASTILLO

@Ella cursaba el quinto año de preparatoria en una escuela al norte de la ciudad de México.

@Ella pensaba que la clase de química no era sencilla, pero le gustaba.

@Ella sabía que el profesor de química les daba un trato especial a las chicas.

@Ella escuchó historias en las que el profesor tenía relaciones con algunas de sus compañeras de escuela.

@Ella conocía el estado civil de su profesor.

@Ella de todas maneras se convirtió en la preferida.

@Ella mandaba un mensaje desde el tercer piso de la escuela. Al mismo tiempo él miraba su celular. Al final, ambos se miraban y sonreían.

@Ella y él ignoraban que todos notaban lo especial de su relación.

@Ella caminaba a la esquina de la escuela a la salida y entonces él pasaba por ella. El rumbo de su camino se perdía a la distancia.

@Ella volvía a casa en el auto de él; la dejaba en la esquina de su casa y bajaba la velocidad hasta verla entrar.

@Ella sabía de los rumores en los pasillos, pero a ellos los cubría el silencio.

@Ella y él desconocían que algunos estudiantes tenían fotos de ellos juntos en el auto o besándose.

@Ella también tenía un novio y anillo de compromiso; sus padres esperaban que se casara pronto.

@Ella no supo que su novio descubrió la relación que tenía con su profesor.

@Ella no se dio cuenta cuando descargaron las fotos y los videos como prueba de que sostenía una relación un profesor de la escuela.

@Ella salía de la escuela un día cualquiera cuando afuera repartían unos sobres de papel kraft con discos compactos adentro.

@Ella no recibió ningún disco, pero sus compañeros y amigos sí.

@Ella miró cómo los chicos que entregaban los discos corrieron cuando notaron su presencia y los tiraron al suelo.

@Ella y sus amigas levantaron del piso la mayor cantidad de discos posible.

@Ella no estaba presente cuando sus compañeros y amigos abrieron el sobre y leyeron: "¿Sabes lo que hacen los maestros?"

@Ella no estaba en la impresión casera de la fotografía que aparecía en una hoja de papel bond adentro del sobre.

@Ella conocía esa fotografía donde su profesor de química aparecía recostado con el torso desnudo y la mirada lasciva.

@Ella tampoco estaba cuando todos miraron las fotos.

@Ella jamás imagino que sus compañeros de la escuela mirarían ese video.

@Ella lloraba.

@Ella no fue a la escuela al día siguiente.

▶ **Cyberbullying**. Es el *bullying* que se lleva a cabo utilizando medios sociodigitales, como computadoras, celulares, asistentes personales (PDA), iPods, iPads, consolas de videojuegos, etcétera, a través de servicios como el correo electrónico, la mensajería instantánea, sitios de redes sociales, mensajes cortos de celular (SMS), publicaciones digitales de texto (blogs) o videos, etcétera.[1]

▶ Ejemplos de usos negativos de la tecnología, que pueden convertirse en *cyberbullying*.

- *Mensajería instantánea*
  Envío de mensajes obscenos o degradantes.
- *Pizarrones virtuales*
  Comúnmente llamados *chismógrafos*, se utilizan para publicar mensajes anónimos para humillar o difamar a otras personas.
- *Correo electrónico*
  Envío de mensajes amenazantes o intimidantes desde cuentas anónimas, reenvío de contenido degradante, incluyendo imágenes o enlaces hacia otros contenidos multimedia que afecten negativamente a otras personas.
- *Chats*
  Impedir que personas participen en conversaciones (exclusión), hacerse pasar por otra persona para lanzar comentarios denigrantes.
- *Redes sociales*
  Publicación de perfiles falsos para humillar, difamar, asignar apodos. Hacer pública la información de otros, comprometiendo su reputación.

---

[1] *Guía ASI para prevención del* cyberbullying, ASI, México, 2012.

- Sitios de videos

Publicar videos que ridiculicen a los demás, o exhibiéndolos en actividades privadas.

- Juegos en línea

Burlarse de jugadores con poca pericia, matar o eliminar personajes de un mismo jugador.

- Cámaras web

Producir y distribuir material exhibicionista, persuadir por medio de la intimidación a otras personas de actuar en forma desinhibida y videograbarlos.

- Teléfonos celulares

Hacer llamadas obscenas, envío de mensajes cortos (SMS) con insultos, tomar fotos humillantes y compartirlas, grabar en video escenas en que se humilla a una persona y distribuirlos.[2]

✔ México ocupa el último lugar en materia de ciberseguridad entre los países que conforman la OCDE. Va rezagado en la tipificación de delitos informáticos y no cuenta con recursos humanos preparados (agentes del MP, policías investigadores y jueces conocedores) para hacer frente a fraudes electrónicos, clonación de tarjetas, robo de base de datos, bloqueo de portales o *jaqueo* de cuentas de correo, entre otros ilícitos de este tipo. Aquí es una de las naciones donde se registra la pornografía infantil más grave; se procura, obliga, facilita o induce a un niño a realizar actos sexuales lesivos por medios electrónicos como Internet, y se oculta también el *ciberbullying,* que es una conducta de acoso entre iguales, generalmente niños, y que amerita regulación especial por las graves consecuencias (suicidio) que puede generar en infantes y sus familiares. La pornografía infantil va ligada al *sexting* (contracción de *sex* y *texting*), que se refiere a la generación o envío de contenidos eróticos o sexualmente explícitos que están en la frontera de lo pornográfico,

---

[2] *Idem.*

y al *grooming,* que consiste en que un adulto se hace pasar por un niño con la finalidad de ganarse paulatinamente su confianza y, posteriormente, concertar una cita para cometer otra conducta delictiva.[3]

JULIO ALEJANDRO TÉLLEZ VALDÉS,
del Instituto de Investigaciones Jurídicas de la UNAM

¿Alguna vez has considerado los riesgos de practicar cibersexo o sexting?

❏ No, nunca he considerado los riesgos virtuales.
❏ Sí y no me importa, lo hago por diversión y me gusta tomar riesgos.
❏ Sí y me siento poco informado sobre el tema. No comprendo mucho sobre los riesgos y responsabilidades.

Visita:
Alianza por la Seguridad en Internet
http://asi-mexico.org

---

[3] "México, último lugar de la OCDE en ciberseguridad", *Boletín UNAM-DGCS*, núm. 090, 11 de febrero de 2012, recuperado el 15 de abril 2013, http://www.dgcs.unam.mx/boletin/bdboletin/2012_090.html.

ABORTO

Quisiste matar a tu bebé

POR MOISÉS CASTILLO

I

Todo había pasado tan rápido que lo único que no la traicionó fue la memoria. Sabía que era viernes 2 de marzo y también que era una injusticia estar encerrada en la peligrosa cárcel distrital de Tizayuca, Hidalgo. Luego de permanecer una semana hospitalizada en la clínica 33 del Instituto Mexicano del Seguro Social (IMSS), Lucero estaba ahí temblorosa en un cuarto oscuro antes de ver la luz del día. Recordaba una y otra vez las palabras de su defensor de oficio: "Está en chino que salgas de ésta".

En el trayecto de la clínica al reclusorio, policías y Ministerio Público (MP) le decían una y otra vez que era culpable y que debía enfrentar las consecuencias. Ella se quedaba muda del dolor, sentía que algo la consumía por dentro. La señalaron como "asesina" y le cuestionaron hasta el cansancio "¿por qué querías matar a tú bebé?" Le advirtieron que con la justicia no se jugaba, que era la palabra del médico contra la suya y que le rezara a su santo de confianza.

Cuando caminó hacia la rejilla del reclusorio no pudo distinguir a nadie. Sólo escuchaba el ruido insoportable de las teclas de una máquina de escribir y la voz del juez que sin piedad le dictó auto de formal prisión por "tentativa de aborto". Lloró desconsolada, creyó que se moría. Nunca se había sentido tan sola y vulnerable.

Las acusaciones en su contra argumentaban que "intentó asesinar" a su bebé de escasos dos meses y medio de gestación. También le comunicaron que llevaría un proceso legal de nueve meses. Un custodio la condujo por el mismo túnel de acceso a los juzgados para encaminarla a su nueva vida.

Ya en prisión desconocía qué día era, si era de noche o había sol. No comía y no podía dormir. Su bebé estaba intacto, pero tenía miedo de que le pasara algo. Sus compañeras de celda y hasta el director del reclusorio le ofrecieron comida en buen estado porque sufría gastritis y llevaba una dieta especial. Las reclusas le recomendaban que no se deprimiera y que luchara hasta el final por su pequeño. Estaban indignadas porque no era justo que estuviera pagando por un delito que no cometió. Una de ellas le dijo: "Las leyes están muy cerradas. Nosotras estamos aquí por *narquillas*, pero tú nada debes. ¡Qué cabrones!"

II

Lucero despertó con un dolor fuerte de garganta, la tenía reseca. Habló por teléfono a su doctora de cabecera: "Me siento muy mal, todavía tengo algo de sangrado". La especialista le recomendó absoluto reposo y le recetó un tratamiento que consistía en ampicilina, paracetamol, ácido fólico y sulfato ferroso. También le sugirió aplicarse unos óvulos de nistatina por la infección vaginal que sufría. La chica de 30 años cumplió con las indicaciones médicas pero una fiebre vil la tumbó en la cama durante un fin de semana. Ya no aguantaba tanto calor en su cuerpo, sentía que explotaba.

El lunes 27 de febrero por la mañana su madre la metió a bañar, la dejó un momento para checar que el boiler siguiera prendido y escuchó unos gritos que retumbaron por toda la casa: "¡Mamá, mamá!" De inmediato corrió hacia el baño y observó cómo escurrían ríos de sangre entre las piernas de su hija. El agua se pintó de un rojo escandaloso y Lucero tenía escalofríos. A los pocos minutos fue trasladada a urgencias de la clínica 33 del IMSS y milagrosamente la atendieron rápido.

El doctor Lora se acercó a la camilla y trató de tranquilizarla. Se puso unos guantes de látex y le hizo una exploración vaginal. Sacó su mano y le dijo sorprendido:

—Traías una pastilla abortiva…

—¡Qué! ¡No puede ser! Yo me estoy cuidando desde el comienzo de mi embarazo, no es posible. Llevo mi control prenatal con mi doctora.

—Pues no sé, ahorita mismo voy hablar al MP para que vengan hacerte unas preguntas y que te detengan por asesina.

Lucero no lo podía creer. En un instante la luz la había abandonado. El doctor Lora tecleaba en una de esas enormes máquinas de escribir Olympia mientras le lanzaba algunos dardos hirientes:

—Ya hiciste lo que quisiste y a mí no me importa. Ya lo hecho, hecho está…

—¡Yo no hice nada, no me tomé nada! Quiero ver a mi mamá.

Quiso enderezarse de la camilla pero le costaba trabajo. El de la bata blanca pidió a un elemento de seguridad que se comunicara con algún familiar de la paciente porque "se está poniendo bien grosera e impertinente".

Su madre tampoco podía creer lo que escuchó. Le exigió al doctor que le enseñara la pastilla abortiva, pero jamás lo hizo. Un par de horas después llegó personal del MP a cuestionarla:

—¿Por qué quisiste abortar?, ¿cuáles son las razones?, te encontraron una pastilla, ¿quisiste matar a tu bebé?

—Desde el 16 de enero supe que estoy embarazada y quiero tener a mi bebé. Es mentira lo que dicen.

Al siguiente día desplazaron a la mujer embarazada de dos meses y medio a Pachuca, Hidalgo, para realizarle unos estudios. Los resultados del ultrasonido fueron positivos: su bebé estaba bien, con una frecuencia cardiaca óptima, el líquido amniótico normal, membranas cerradas, placenta completa. Es decir, no había indicios de un posible aborto.

De regreso a la clínica 33 del IMSS fue custodiada por dos policías. Llegó el médico legista del MP y le dijo que estaba bien su bebé. 24 horas después, sorpresivamente, el titular del MP le informó contundente:

—Estás detenida. Tienes un límite de tiempo para que pagues 15 000 pesos de fianza, ya que de lo contrario serás ingresada al penal local.

—Pero no tengo ese dinero, ¡no hice nada, por favor!

—No sé cómo le hagas, es un intento de homicidio contra tu bebé y eso se paga.

La hemorragia vaginal cedió hasta el viernes de esa semana tormentosa. Un ginecólogo le realizó un chequeo final:

—¿Por qué está aquí, madre?

—Dicen que por tentativa de aborto…

—¿Cómo que por tentativa de aborto? Si tú estás bien, tú bebé está sano. ¿Quién le dijo todo eso? Está mal quien la atendió.

El viernes 2 de marzo le dieron alta médica y el doctor Lora nunca apareció, nunca le mostró la "pastilla abortiva". El MP le informó que estaba detenida y que sería trasladada a la cárcel distrital de Tizayuca. Lucero y su madre se abrazaron y lloraron juntas. El silencio enmudeció.

III

Lucero vivió 13 días infernales en la cárcel. La Comisión de Derechos Humanos de Hidalgo (CDHEH) atendió su caso y notificó a una organización que se dedica a la promoción de derechos reproductivos en el estado. En tanto, la CDHEH inició la queja y solicitó al juez reducir la fianza de 15 000 pesos que había fijado. A su vez, la organización de derechos reproductivos recomendó a la mamá de Lucero acudir al Grupo de Información en Reproducción Elegida (GIRE), asociación civil que promueve y defiende los derechos reproductivos de las mujeres. La CDHEH ofreció toda la información y los mecanismos necesarios para que una abogada del GIRE hablara con Lucero mientras estaba tras las rejas.

Los abogados de oficio no ayudaron y entorpecieron la defensa, ni siquiera apelaron el auto de formal prisión que le dictaron a Lucero, a pesar de que estaban obligados a hacerlo. Sin titubeos el área jurídica del GIRE interpuso un amparo y siguieron una ruta legal para que le redujeran la fianza de 15 000 a 5 000 pesos. El 15 de marzo obtuvo su libertad y respiró un aire nuevo, a pesar de que salió con infección en las vías urinarias y en la piel.

De inmediato se puso en las manos de su doctora de cabecera de la clínica del IMSS de Cerro Gordo. En octubre nacerá su bebé y aún no sabe cómo se llamará. El doctor Lora no ha acudido a los citatorios judiciales para deslindar responsabilidades.

"Mi máxima preocupación es estar acudiendo a los juzgados. Es muy desgastante. El doctor no se quiere presentar, ¿por qué no da la cara? El que nada debe, nada teme. Quiero que se limpie lo que me hicieron."

En tan sólo mes y medio, la vida de Lucero dio un giro de 360 grados. Desgracia tras desgracia y tragos amargos. Apenas salió del penal y su padre fue asesinado: intentaron asaltar su hogar y un ladrón le aplicó la "llave china". Murió por asfixia. Además, a raíz del accidente carretero que sufrió el 11 de febrero, entró a una especie de maleficio que extravió y oscureció todos los caminos.

IV

La mala suerte se unió al mal tiempo. Con estas coordenadas comenzó el infortunio de Lucero que ya contamos. Estuvo en el lugar y en el momento más desafortunado de su vida: el camión público que la transportaba de Tecámac a Tizayuca, Hidalgo, fue impactado exactamente donde ella venía sentada. Debido al fuerte choque su cuerpo se desplazó abruptamente hacia el asiento del pasillo y su páncreas se enterró en la codera. A pesar del fuerte dolor, la joven le reclamó al chofer: "¡Estás loco! Venimos muchos y dos personas embarazadas". Minutos más tarde su cuerpo comenzó a temblar y la boca se le secó, se volvió amarga.

Casi a la entrada de Tizayuca, el chofer y su cobrador fueron auxiliados por una patrulla policiaca, que logró alcanzar al otro camión de la misma empresa que quería darse a la fuga. Lucero fue trasladada en una ambulancia a la clínica 33 del IMSS. Tenía la presión alta y no soportaba el dolor en su cuello. Los médicos le informaron a su madre que se quedaría internada porque tenía un esguince cervical y el páncreas casi destrozado.

Posteriormente fue llevada a su clínica familiar ubicada en Ecatepec, Estado de México, donde permaneció el fin de semana. La doctora le exigió absoluto reposo para que no estuviera en riesgo su embarazo de dos meses y medio, y le recomendó varios ejercicios para que dejara pronto el collarín.

Su madre interpuso una denuncia contra la línea camionera por lesiones y comenzaron los hostigamientos contra la familia. Al final le ofrecieron 10 000 pesos para que se desistiera de la denuncia, los cuales aceptó pero con la condición de que haría el trámite legal hasta que se recuperara su hija. En esos días se enteró de que los conductores de los camiones implicados en el choque eran hermanos y que una familiar de ellos laboraba en la clínica 33.

Dos semanas después del accidente, sufrió esa terrible hemorragia vaginal y fue atendida en la mismísima clínica 33. La joven recuerda que la segunda ocasión que visitó ese centro de salud antes de que el doctor Lora le realizara la exploración, la familiar de los choferes habló con el hombre de la bata blanca: "Ella es la del accidente, ya sabe qué hacer..." Minutos después le encontró la "píldora abortiva".

En un análisis personal, piensa que están coludidos el doctor y la línea de camiones, ya que su madre denunció en un principio a la empresa de transporte; que el doctor actuó de mala fe y que inventó una historia que la llevó a la cárcel y a seguir un proceso penal de nueve meses. Dice que ahora que está libre quiere disfrutar la vida a pesar de que tiene que ir a los juzgados cuando es requerida.

Lucero en ocasiones llora y no aguanta tanto dolor oculto. Está convencida de que seguirá luchando contra todos los que quieran hacerle daño a su bebé. Para ella ser madre es una dicha que muchas no tienen, es una felicidad enorme. Sin embargo, aún se pregunta una y otra vez: "¿Por qué a mí?" Sólo regresaba de Tecámac tras cobrar un dinero y ese accidente carretero desencadenó un laberinto tenebroso: hospitales y la cárcel distrital de Tizayuca.

"Tantos años que me transporté de niña del metro Guerrero hasta Contreras y nunca tuve problemas. ¿Por qué tenía que pasarme esto a mí?"

Ya me quiero ir

POR MOISÉS CASTILLO

I

Los jueves había más trabajo o Josefina se sentía más cansada de lo normal. La máquina hacía el mismo ruido fastidioso de siempre y ya no percibía el olor de las tortillas tan rico como la primera vez. Ocho horas acomodando kilos y kilos de ese alimento de maíz de forma continua era una labor que requería mucha paciencia. Mientras hacía montañas de tortillas quería escuchar por qué esa madrugada no pudo soñar. Sólo veía oscuro, caminaba a ciegas.

Antes de salir de El Molino de Oro sintió fuertes dolores en su estómago, una especie de retorcijones que no le permitieron mantenerse de pie. Una hora después por fin pudo ver su casa de lámina de cartón. No supo cómo diablos pudo llegar caminando porque sus piernas no dejaban de temblar, pensó que se derrumbaría en el trayecto casi interminable de Xonacatlán a Capulhuac.

El paisaje es dominado por montes y serranías húmedas. Las milpas de maíz pintan de verde casi toda esa zona que se encuentra al norte del valle de Toluca, Estado de México. Con paso lento, Josefina escaló la pequeña loma donde se alza su humilde hogar y la choza de sus padres. Su mamá, al ver su rostro cansado y sus ojos casi perdidos, no dudó en llevarla al hospital de Villa Cuauhtémoc.

Luego de la revisión médica, la joven de cabellos largos comentó a la trabajadora social que una semana antes había acudido con una señora del pueblo porque tenía problemas ligados a su menstruación. Así que le inyectó un medicamento y le aseguró que con eso "ya le bajaría"... Al escuchar esa historia, la empleada del hospital asumió que aquella chica de piel morena se había provocado un aborto y puso al tanto al médico que se encargó del caso. A los pocos minutos, el Ministerio Público local ya había sido notificado del presunto ilícito.

Josefina no sabía que tenía dos meses de embarazo, ni mucho menos qué hacían unos policías custodiando el cuarto donde se encontraba. Todo era confuso y sentía que la devoraba el ajetreo del pasillo. Cuando le avisaron de su alta médica, inmediatamente la trasladaron a la agencia del MP y le hicieron una entrevista, ya que en suelo mexiquense están vigentes los llamados "juicios orales".

El defensor público asignado le recomendó a su cliente reservarse su derecho a declarar y en 48 horas se definiría su situación jurídica. El embrión que expulsó Josefina fue entregado a las autoridades y fue sometida a unos exámenes de orina para verificar si había tomado alguna sustancia abortiva. Tres meses después le dieron el embrión para que hiciera el trámite de certificado de defunción. Miró y respiró profundamente. Por un momento le temblaron sus manos pequeñas.

II

Josefina llevaba casi dos días detenida en el MP de Xonocatlán. No sabía nada de sus hijos y rezaba en silencio. Le reconfortaba un poco saber que su madre estaba con ellos. Permaneció en una reducida oficina sin comprender realmente qué estaba pasando. Se hundía en el llanto. Desde su captura nadie le preguntó si era indígena, nadie quiso saberlo. Quizá por eso nadie la entendía. Hablaba un español ordinario y para comprenderlo debían escuchar las palabras como en cámara lenta. Ni el MP ni el abogado de oficio se dieron cuenta de que aquella chica de 29 años era una indígena otomí.

Tampoco sabían que vivía en una pequeña casa de lámina y de cartón allá por el cerro de Capulhuac. Que era madre soltera de cuatro pequeños: el más grande de 10 años y la más chica de dos. Ni mucho menos que su ex pareja la golpeaba y la violaba a su antojo. Cuando se ponía borracho —casi todos los días— aprovechaba que la casita no tiene ventanas y la forzaba a tener relaciones sexuales. Llegaba, golpeaba y gritaba. Siempre con la misma furia infernal. A pesar de que se juntó con otra mujer, cuando deseaba sexo llegaba y tumbaba la puerta. Precisamente, el feto que arrojó fue producto de una violación, pero quiso tragarse ese dolor amargo por temor a alguna represalia de su ex.

En los pasillos del MP se daba por hecho que se provocó un aborto, pero aún no tenían las pruebas. Sólo presumían el dicho de la trabajadora social del hospital. Mandaron a periciales del Estado de México el examen de orina para determinar si existía misoprostol en la sangre. Los resultados nunca llegaron y Josefina fue liberada bajo reservas de ley. Esto no implicó que la investigación se cerrara. Hasta el momento, el MP local no ha recibido comunicación de la procuraduría mexiquense sobre las pruebas de laboratorio.

El Grupo de Información en Reproducción Elegida (GIRE) —organización que promueve el debate informado sobre derechos reproductivos— está asesorando a la indígena y busca que se archive el expediente porque no existen pruebas suficientes que señalen a Josefina como presunta responsable del delito de aborto. El dicho de la trabajadora social no es suficiente.

La joven está sujeta a investigación y espera que pronto la justicia esté de su lado.

La abogada del GIRE la encontró desconsolada en el MP antes de que fuera liberada. Le dijo como pudo que ya se quería ir, que no había hecho nada malo, que no tomó nada y que no sabía que estaba embarazada. Estaba muy angustiada por sus hijos y repetía una y otra vez: "Ya me quiero ir, ya me quiero ir".

Mientras la parte legal sigue su curso, Josefina se levanta temprano y atiende a sus pequeños. Cuando cacarea el gallo negro de su madre sabe que es hora de bajar el camino de la loma rumbo a Xonocatlán para trabajar en El Molino de Oro y hacer montañas y montañas de tortillas. Casi no habla con nadie, es muy discreta o tal vez tímida. Tiene casi 30 años pero aparenta más edad por la vida dura que le ha tocado vivir.

Es jueves y ya no le importa ni el ruido de la máquina, ni el calor asfixiante que desprende. El tiempo le pesa menos y respira. Se ríe en secreto porque ya recordó lo que soñó la otra vez cuando todo estaba negro: cien pájaros de pronto trasladaron su casa de cartón a la parte más alta del cerro donde duerme la luna.

▶ *Aborto*. El aborto es la interrupción del embarazo. Existen distintos tipos de aborto. La Organización Mundial de la Salud (OMS) los define de la siguiente manera:

- *Aborto espontáneo*. Pérdida espontánea de un embarazo clínico antes de completadas las 20 semanas de edad gestacional (18 semanas después de la fecundación) o si la edad gestacional es desconocida, la pérdida de un embrión/feto de menos de 400 gramos.
- *Aborto inducido*. La interrupción deliberada de un embarazo clínico que tiene lugar antes de completar 20 semanas de edad gestacional (18 semanas después de la fecundación) o, si la edad gestacional es desconocida, de un embrión o feto de menos de 400 gramos.
- *Aborto inseguro*. El aborto inseguro es un procedimiento para finalizar un embarazo no deseado que realizan personas sin el entrenamiento necesario o que se lleva a cabo en un ambiente donde se carece de un estándar médico mínimo o ambos.

   Esta última definición es fundamental para ubicar al aborto como un asunto no solamente médico sino también social.

● 89 510 interrupciones legales del embarazo se practicaron en la ciudad de México entre abril de 2007 y 31 de octubre de 2012.[1]
● En abril de 2007, la Asamblea Legislativa del DF aprobó modificaciones al Código Penal y a la Ley de Salud del Distrito Federal que permitieron la despenalización del aborto hasta la semana 12 de gestación, lo que se convirtió en una decisión histórica para las mujeres de la ciudad de México.

---

[1] Cifras ILE, GIRE, febrero de 2013, recuperado 15 de abril 2013, http://www. gire.org.mx/index.php?option=com_content&view=article&id=504&Itemid=1397&lang=es.

● 480 000 de los 2 000 000 de nacimientos que cada año hay en el país corresponden a mujeres de edades comprendidas entre los 14 y los 19 años, según la Secretaría de Salud.[2]

✓ El trabajo de los servidores públicos encargados del sistema de justicia se ve influido por los prejuicios sociales en torno al tema del aborto, pues no basan sus determinaciones en pruebas científicas que acrediten la existencia del delito y la presunta responsabilidad de la mujer acusada, sino que de antemano —sin realizar un análisis exhaustivo y serio de las pruebas recabadas— señalan a las mujeres por la interrupción de su embarazo, tratándolas incluso como homicidas, apuntándolas con el dedo por haberse atrevido a ir en contra de su supuesto "rol natural de madres"; cada servidor público del sistema de justicia con el que tienen que pasar las castiga recordándoles el crimen que supone abortar.

A ello se suman las violaciones al debido proceso que por desgracia son habituales durante muchas de las investigaciones realizadas por los agentes del Ministerio Público en delitos diversos: no se les informa sobre quién las denuncia y el motivo de la detención, tampoco se les informa sobre su derecho a no declarar, ni sobre el derecho a nombrar un abogado o una persona de su entera confianza; tampoco se les asigna defensor de oficio o la labor de éste resulta ser deficiente; tratándose de mujeres indígenas, tampoco se les asigna un traductor en su idioma. En muchas ocasiones se mantiene a las mujeres incomunicadas y se les custodia durante su estancia en el hospital como si se tratara de peligrosas delincuentes.

Es de resaltarse que en la mayoría de los casos de criminalización por aborto, las mujeres son denunciadas por personal de servicios de salud de los hospitales públicos, situación que es violatoria, entre otros, de los derechos a la privacidad e intimidad

_____

[2] "Un cuarto de nacimientos en México, de madres adolescentes", *El Universal*, 7 de abril de 2012, recuperado el 15 de abril de 2013, http://www. eluniversal.com.mx/notas/840247.html.

reconocidos por tratados internacionales, tales como la Declaración Universal de los Derechos Humanos y el Pacto Internacional de Derechos Civiles y Políticos, pues es un principio esencial de la práctica médica la obligación de resguardar de manera confidencial toda información derivada de su relación profesional con la persona paciente.

ITZEL SILVA MONROY,
abogada del área de documentación y litigio de casos del Grupo de Información en Reproducción Elegida AC (GIRE)

¿Cuál es tu postura frente al aborto?

❑ Pienso que es asesinar a un ser indefenso y debería estar prohibido sobre todas las cosas.

❑ Podría considerar el aborto como una acción necesaria en caso de salud, violación u otra situación especial.

❑ Todas las mujeres deberían tener el derecho de decidir sobre su cuerpo de una forma consciente y responsable.

Visita:
Grupo de Información en Reproducción Elegida (GIRE)
https://www.gire.org.mx/
Tel. 5658-6645

TRATA DE PERSONAS

Mónica Janeth Alanís, a la espera del milagro

Por Moisés Castillo

I

Olga y Ricardo no tienen idea de nada, sólo conservan palabras y silencios. Hace más de tres años desapareció su hija Mónica Janeth y lo único que permanece es su fe inquebrantable. Su pequeña se esfumó de sus vidas el 26 de marzo de 2009 al salir del Instituto de Ciencias Sociales y Administración de la Universidad Autónoma de Ciudad Juárez.

Era un jueves de tarea escolar para Mónica Janeth y la tarde lucía calurosa y sin alivio, como todas. Su madre le marcó al celular alrededor de las 3:30 pm para saber en dónde andaba.

—Estoy bien, mami, ya voy para allá.

Ésas fueron las últimas palabras que Olga escuchó de su hija. Media hora después volvió a marcarle al móvil pero ya no contestó. Insistió, llamó y buzón. Insistió, llamó y buzón. Insistió, llamó y buzón. Así estuvo durante toda la tarde y noche. Olga, Ricardo y Jaime Antonio, su otro hijo, sintieron que sus cuerpos se hundían en las sombras de la madrugada. La angustia se apoderó de sus mentes, miedo a un peligro, a una herida.

Cuarenta y ocho meses después la herida no cicatriza. El tiempo pasa, los espacios crecen y poco a poco consumen a Olga y

Ricardo. El 27 de marzo despertaron en una realidad que nunca imaginaron vivir. Su primogénita no estaba en casa. Mónica Janeth tenía 18 años y estudiaba la carrera de administración de empresas. Todo cedía a la luz de sus pequeños ojos negros. Siempre fue una excelente alumna de 9-10 de calificaciones y su sueño era estudiar algún posgrado en España.

La desaparición de Mónica Janeth es una incógnita total. Las autoridades de los tres niveles de gobierno no dan resultados, no avanzan, están pasmadas en su rutina burocrática. Entrevistarse con Felipe Calderón y su esposa Margarita Zavala no ha servido de nada. Olga y Ricardo sólo han recibido besos y palmadas de aliento.

"Aquí las autoridades no hacen nada. Es una mediocridad en lo que caen porque siguen investigando el entorno familiar, la familia no la tiene. Aquí las jóvenes desaparecidas son *revictimizadas* por la autoridad", explica Ricardo Alanís, quien se encuentra delicado de la columna vertebral y por este problema de salud fue despedido injustamente de la empresa maquiladora donde laboraba.

Todas las noches Olga y Ricardo agonizan. Todas las mañanas esperan el milagro. Ricardo dice con su voz ronca que en Ciudad Juárez las familias son las que investigan, se convierten en Ministerio Público y pagan todo. Hacen el trabajo de la autoridad. En Ciudad Juárez existe mejor un número telefónico para reportar un auto robado que la desaparición de una persona. A más de dos años de distancia todavía no hay una línea de investigación.

II

La espera no agota a Olga y Ricardo. Siempre recuerdan a su hija sonriente y prefieren seguir sus pasos todos los días. Afirman con cierta resignación que la vida sigue y deben atender las cosas cotidianas. Olga dice con dolor que no la pudo ver ese 26 de marzo, porque fue a trabajar temprano a la guardería del IMSS. En cambio,

Ricardo la vio por la mañana, pues era el encargado de prepararle el desayuno.

Mónica Janeth no era "amiguera" pero sí muy sociable. Todas las tardes se la pasaba frente a la computadora y a veces salía con sus amigos de la colonia El Vergel. No era una chica de antros. Todo el tiempo animaba a su padre para que se inscribiera a la universidad y cumpliera su sueño de titularse como abogado. Ricardo aclara que su hija se convirtió en su amiga, compañera y cómplice.

"Me falta un brazo, la mitad de mi corazón. Dicen que los padres no sienten con el paso del tiempo, pero yo ando tan herido como mi esposa. Este coraje y esta fuerza que tengo es lo que me da para luchar y encontrarla. Así se me termine la vida buscándola, nos les voy a dejar a mi hija."

Ciudad Juárez es una bestia de aguzados colmillos. La gente mira y desespera, indiferente. Todos los días hay ejecuciones. Los policías, los federales y el Ejército conforman una gran escenografía de la impunidad. Cada año desaparecen decenas y decenas de jovencitas y un grupo de 14 agentes tiene la misión imposible de encontrarlas.

Ricardo dice que estos agentes no investigan nada porque les da miedo entrar a ciertos lugares "peligrosos". La trata de personas es una industria que crece en la ciudad fronteriza, pero los hombres con botas de casquillo sólo pasean en sus camionetas con cara prepotente y vigilan con metralleta en mano los pasillos de los supermercados. Vigilan a sus superiores, no a los ciudadanos. Ahora el perfil de las desaparecidas de Juárez ha cambiado, por lo menos en la edad. Si antes eran chicas de 20 años, ahora son niñas de 14 y 15.

Hace un par de años ocurrió algo indignante: los padres de Hilda Gabriela Rivas Campos, de tan sólo 15 años de edad, recibieron de la Fiscalía General del estado los restos de su hija desaparecida el 25 de febrero de 2008. El cuerpo de Hilda Gabriela ingresó al Servicio Médico Forense (Semefo) un mes después del reporte de extravío y fue hasta apenas el 17 de marzo de 2011 cuando les avisaron que el cadáver se encontraba en ese lugar. Tres años de búsqueda incansable, de dolor y desgaste, y su niña siempre estuvo en el Semefo.

Olga escucha con la mirada perdida a Ricardo, con el que lleva 28 años de casada. Luego de que se cumplieron dos años de la desaparición de su hija, ella se siente frustrada, enojada, triste, pero sostiene la ilusión de volver a ver a Mónica Janeth.

Dice que fueron muchos momentos preciosos los que pasó con su hija. Era su complemento ideal, siempre estaba de buen humor, bromeaban y jugaban. Pero lo mejor era cuando veían juntas la película *Matilda*, porque siempre Mónica Janeth le decía con una vocecita al oído: "Tú eres mi mamá preferida".

No me busquen más

POR MOISÉS CASTILLO

I

Roberto abrió la puerta de la casa y notó tanta tranquilidad que le resultó desesperante. Aventó las llaves en el sillón y comenzó a recorrer el pasillo que lo llevaría a las dos habitaciones. Una estaba vacía, en la otra se encontraban sus dos pequeñas durmiendo profundamente como si el mundo no existiera.

Regresó a la estancia y alzó la voz: "¡Ivonne, ya llegué! ¡Ivonne, ¿dónde andas?" Al entrar en la cocina vio una charola de jugosos bisteces, la licuadora con un par de jitomates cocidos, cebolla y un poco de agua. También una tablita de madera y un pequeño cuchillo perfectamente desordenados en la mesa de vidrio. Tomó su celular y llamó a su esposa mientras se servía un poco de agua.

—¿Qué pasó?, ¿dónde estás? Acabo de llegar…

—Hola, chiquito, ya casi ando por allá. Estaba preparando la cena que te gusta y se me olvidó comprar unos chiles y otras cositas.

Ivonne fue al Mini Súper de Lomas de Atizapán de Zaragoza, Estado de México, y abordó la combi que tardaba cinco minutos en dejarla en la esquina de su hogar. Roberto se impacientó porque había transcurrido media hora y no llegaba. Le marcó a Leticia, su suegra, para saber si estaba en su departamento porque vivían a escasas dos cuadras de distancia.

—No, para nada. Estoy aquí en el hospital con mi mamá pero déjame entregar unos papeles y voy para allá…

—Es que ya tiene rato que hablé con ella y me dijo que ya venía en camino.

—No te preocupes, ahorita salgo —insistió Leticia.

Eran las ocho de la noche del lunes 30 de mayo de 2011. El silencio dejó inmóvil por un rato a Roberto tras intentar comunicarse una y otra vez con Ivonne. Por la mañana, Leticia habló por teléfono con su hija, le dijo que ya no era necesario que fuera al hospital de Balbuena a hacer guardia con su abuelita porque iría una de sus hermanas. Transcurrió el día como una pastilla efervescente, Leticia salió de trabajar y fue a la clínica a relevar a su familiar. Pero la llamada de su yerno alteró los latidos de su corazón.

Encontró a Roberto sentado en la banqueta con la mirada hacia el pavimento. Eran las 10 de la noche y no había noticias de su hija Ivonne. Las niñas de uno y dos años de edad todavía seguían dormidas en su cuarto. Llamó nuevamente y el celular decía que estaba fuera del área de servicio. Una vez más y la mandaba directamente a buzón. Leticia sintió que su saliva se volvía amarga.

—Vamos a esperar hasta las 12 de la noche y si no llega pues entonces la empezamos a buscar. Voy a mi casa por si llama o algo—, comentó a Roberto, quien desesperado se tronaba los dedos.

Cinco minutos antes de la media noche, Leticia se comunicó con Roberto para checar si había alguna novedad; nada. Los teléfonos estaban muertos.

El domingo, un día antes, se habían reunido para comer, jugar con las bebés, incluso fueron a misa por la noche. Un domingo familiar cualquiera. Veinticuatro horas después Leticia ya rezaba silenciosa en su mente. Le dijo a Verónica, su hija mayor, que la acompañara al Casino Carnevale, donde Ivonne había ingresado a trabajar escasas tres semanas.

Preguntaron a un joven de seguridad y no supo responder. Minutos más tarde salió el gerente, un tipo alto y rubio con acento argentino: "No sé nada, Ivonne descansó, pero le doy el número de una de sus amigas". Su compañera de trabajo desconocía su paradero, por lo que regresaron a casa y comenzaron a marcar a hospitales, Cruz Roja, ministerios públicos, familiares, amigos… Nada, sólo esperaban el milagro porque la tempestad nocturna golpeaba sus cabezas.

II

El martes 31 de mayo comenzó la búsqueda burocrática. A las 3:30 de la tarde Leticia interpuso la denuncia en la agencia exprés Las Alamedas, donde se abrió la carpeta de investigación 483930360013911. El ministerio público ordenó regresar a las siete de la noche. En ese lapso, la familia y el esposo de Ivonne empezaron a sacar copias y distribuirlas entre los negocios y la gente de la colonia.

Al día siguiente acudieron al Programa para la Búsqueda y Localización de Personas Abandonadas, Extraviadas o Ausentes (Odisea). Tendrían que esperar 72 horas porque a lo mejor "ella podría regresar", mientras tanto, no se podía hacer nada.

La casa de Leticia era un cementerio. Nadie hablaba, había una impotencia total. ¿Qué más se podía hacer? Roberto tenía que trabajar y en las tardes cuidar a sus hijas. Leticia tuvo que renunciar a su empleo porque no podía concentrarse, todo le salía mal, se la pasaba llorando todo el tiempo. Sus ojos hinchados ya eran parte de su rostro. Un paisaje desolado era su realidad.

Acudió a la presidencia municipal de Atizapán de Zaragoza, donde casualmente vio al regidor Jesús David Castañeda Delgado y le entregó la hoja donde venía impresa la foto de Ivonne y lo único que dijo fue: "Sí, voy a ver qué puedo hacer. Vayan con mi secretaria".

Así inició el viacrucis de la familia Ramírez Mora. Leticia se entrevistó con un comandante municipal que pedía dinero para realizar patrullajes: "Bueno, ¿qué prefiere?, que encontremos a su hija rápido o en el tiempo normal. Usted sabe que no contamos con crédito para nuestros celulares y nos falta para la gasolina". Perdió 15 días con las promesas del uniformado. El personal del Ministerio Público de Atizapán no se cansaba de decir con indiferencia que el expediente aún no les llegaba. Otros 15 días se esfumaron.

Se percató que otras madres sufrían la misma situación. A todas les repetían la misma frase: "No ha llegado la averiguación". Una señora humilde, con las fuerzas que le quedaban, le dijo a la titular del MP:

—Oiga, señorita, pero yo vivo en el municipio de Nicolás Romero y estoy gastando mucho dinero en pasajes, no tengo ni para comer y ustedes no dan ninguna respuesta.

—Señora, pues qué quiere que hagamos... consiga —respondió tras su escritorio.

"¿Cómo es posible que no les llegue el expediente?", se preguntó Leticia y decidió ir a Toluca para hablar con el procurador Alfredo Castillo. La angustia se incrementaba mientras pasaban los días. Una funcionaria de alto rango hizo un par de llamadas y habló al MP de Atizapán para checar qué sabían del expediente. "¿Cómo que lo tienen perdido?" La averiguación se encontraba arrumbada entre 300 casos más de personas desaparecidas. "Búsquenlo de inmediato", dio la orden la funcionaria y en 10 minutos ubicaron la carpeta.

Sin embargo, la investigación no avanzaba. Vueltas y más vueltas al MP se tornaron en un fastidio doloroso. Una tarde, Leticia escuchó en un noticiero de radio a la diputada del PAN Rosi Orozco hablar sobre la trata de personas y cómo secuestraban a las jovencitas para explotarlas sexualmente. Una sobreviviente dio su testimonio y de inmediato pensó que su hija estaría en una situación similar. Contactó a la legisladora en un acto de Los Pinos y la panista la apoyó sin titubear: se entrevistaron con el procurador mexiquense, quien se comprometió a atender personalmente la desaparición de Ivonne.

"Traiga el caso de Atizapán para acá". Italy Dessire Ciani Sotomayor, subprocuradora para la Atención de Delitos Vinculados a la Violencia de Género, llevaría la averiguación. Leticia pensó que su suerte iba a cambiar, que sus rezos por fin habían sido escuchados.

Una semana después, el MP de Toluca no mostraba avances y sólo la citaban a declarar y a firmar. Todo estaba igual, todo estaba vacío. Hablaba el llanto.

En el Estado de México, la desaparición de mujeres es algo normal, por lo menos desde hace cinco años. Tan sólo en 2011 cada día en promedio más de una de ellas no regresó a su casa. Es decir, se denunciaron 570 desapariciones, de acuerdo con datos de la Procuraduría de Justicia estatal.

Los reportes oficiales indican que las desapariciones de mujeres han crecido 1 225% entre 2007 —desde que se tiene estadística— y 2011, al pasar de 43 a 570 casos, respectivamente.

Por otro lado, la organización Católicas por el Derecho a Decidir reportó que de enero de 2011 a noviembre de 2012 se ha contabilizado la desaparición de 3 976 mujeres. De esos casos, 955 ocurrieron en el Estado de México, 1 200 en Chihuahua y el resto en 13 estados del país, como Tamaulipas, Sinaloa, Coahuila y Jalisco. El 51% de las mujeres tiene entre 11 y 20 años de edad. Además, los asesinatos de 500 mujeres en territorio mexiquense aún quedan sin resolver.

Hay que detallar que en México operan al menos 47 redes que se dedican a este ilícito, de acuerdo con la Red Nacional de Refugios. Al año hay 800 000 adultos y 20 000 menores víctimas de este delito, cuyas ganancias oscilan entre los 372 mil millones de pesos.

Asimismo, la Organización de las Naciones Unidas (ONU) informa que el delito de trata de personas es el negocio más rentable para la delincuencia organizada después del tráfico de drogas y las armas. Se estima que cada año 3 000 000 de personas son víctimas del tráfico a nivel mundial, de ellas 80% son mujeres.

III

A los 12 días de la desaparición de Ivonne, su padre recibió un mensaje de texto a su celular de un número desconocido: "No me busquen más. No intenten buscarme, adiós para siempre". A Leticia se le hizo extraña esa redacción porque su hija no escribe frases completas, ya que siempre escribe con *k*, signos o caritas. Mandaba mensajes abreviados. Fue a la compañía telefónica y detectaron que ese recado había sido enviado desde Matamoros, Tamaulipas.

Reportó esta nueva pista al MP de Toluca pero sólo anotaron el número. "No podemos investigar allá porque no es de nuestra competencia". La cuenta bancaria de la joven estaba intacta, sin ningún movimiento. Sin planearlo, y por la negligencia de las autoridades, Leticia tuvo que convertirse en una investigadora.

A pesar del respaldo de los visitadores de la Comisión Nacional de los Derechos Humanos (CNDH), se sintió indignada por el trato insensible en tierra mexiquense, nada más están para "recibir un sueldo". También acudió a la recién creada Procuraduría Social de Atención a Víctimas de Delitos, donde repiten los mismos lastres burocráticos.

"Nunca imaginé que las autoridades estuvieran tan mal. Siento que se burlan de nosotros. En ese tiempo todavía estaba Enrique Peña Nieto como gobernador. Al Estado de México lo dejó muy mal, hay más de 500 mujeres desaparecidas. ¡Es terrible! En Tlalnepantla, Atizapán y Cuautitlán han encontrado mujeres muertas. Todo ha sido una farsa".

El tiempo pasa y Leticia piensa en Ivonne con una tristeza desabrida. Siente sus piernas pesadas de tanto caminar. Se encuentra frustrada por no saber nada de ella, si está bien o mal, pero ni el tiempo podrá destruir la esperanza de volverla a abrazar. La joven, que ahora tiene 23 años, era atractiva, llamaba mucho la atención, todo mundo la volteaba ver.

—Oye, hasta para ir a la tienda te planchas el cabello…

—Pues sí, qué tal si me encuentro a alguien —respondía Ivonne a su madre y ambas se reían como verdaderas amigas.

Ella no tenía problemas con Roberto. Había clásicas discusiones de recién casados, pero nada grave. Con su familia era muy cariñosa, sobre todo con su mamá, a quien le hablaba por lo menos cinco veces al día para platicar o invitarla a comer. Leticia pensaba: "Ay, ya se debería buscar una amiga de su edad".

Terminó la preparatoria en el Instituto Alexander de Las Alamedas. Quería ser modelo. Trabajó como edecán en varios eventos. Le encantaba comprarse ropa de marca y visitar lugares de moda. El único inconveniente que tenía Leticia cuando su hija vivía en su hogar eran los "viernes de antro". A veces la dejaba ir pero no siempre. No era muy noviera ni amiguera.

En una ocasión le confesó que renunciaría a su empleo en el Casino Carnevale porque no ganaba bien y prefería cuidar a sus niñas. Tenía menos de un mes de haber entrado y le dio la noticia a una de sus compañeras, quien un poco extrañada le dijo: "No renuncies, porque tienen algo bueno para ti". Ivonne le comentaba a su madre que varias traían autos del año, se habían operado los senos y cosas extrañas para unas jovencitas que no ganaban suficiente para darse esos lujos.

El casino ya no funciona. Cuando fue la inauguración nadie se enteró de su apertura y un mes después ya habían colocado candados en las puertas del inmueble. Estuvieron sacando mobiliario, máquinas de juegos y otros artefactos. Los empleados de alto nivel eran extranjeros, sudamericanos. Este hecho coincidió con la desaparición de Ivonne. El comandante municipal de Atizapán le dijo una vez sin importarle el dolor ajeno: "Oiga, señora, tal vez a su hija le gusta ese tipo de vida de los *table dance*".

Cuando nacieron sus nietas fueron momentos especiales: ver a su hija, la "chiquita", que ya era mamá, fue conmovedor. Pero a Ivonne la recuerda con ternura cuando fue por ella a la parada de los micros en su motocicleta que le regalaron cuando cumplió 15 años. "Súbete, mamá, Veritos no pudo venir por ti", a Leticia le dio un ataque de risa, tenía pena de que la vieran trepada en una moto.

Actualmente, la maestra Teresa Ulloa, directora regional para América Latina y el Caribe de la Coalición contra el Tráfico de Mujeres y Niñas, le asignó una abogada para que la asesore en una nueva etapa de las pesquisas.

Para Leticia hay muchas cosas que aún no tienen explicación, como dejar a sus dos niñitas o no llevarse ni una sola prenda de vestir, papeles, cosas personales. Tiene la hipótesis de que la interceptaron al bajar de la combi luego de haber ido al Mini Súper. Simplemente desapareció. Dicen que la resignación se encarga de arreglar casi todo: poco a poco se forma una suave costumbre del dolor.

Pino Suárez

POR MOISÉS CASTILLO

I

Claudia corrió abrumada varias cuadras. Tenía ganas de llorar pero no podía. Como todos los fines de semana, el Centro Histórico se convertía en un gran hormiguero. Había mucha gente y demasiado ruido porque uno de esos artistas de la televisión estaba ofreciendo un concierto gratuito. Logró cruzar la plancha del zócalo capitalino y escabullirse entre la gente. No era tan tarde porque aún había un poco de sol cobrizo.

A cada paso recordaba esas palabras humillantes de su madre: "¡Vete de aquí, cabrona! ¡Ya no regreses!, ¿me oíste?" Sus piernas temblaban y pensó que se iba a desplomar de un momento a otro. Decidió descansar en una banca de hierro y desconsolada soltó las primeras lágrimas. Tenía esa sensación de vacío, como si su vida se hubiera terminado. La escena de su mamá abofeteándola frente a sus hermanos la hacía una chica infeliz. Se sentía despreciada.

A sus 12 años no había recibido ni un gramo de afecto de su familia. No sabía qué diablos era un beso de mamá o un abrazo de papá. Lo que sí percibía es que era una niña fantasma. Su padre los abandonó y veía a su padrastro como un impostor. Ese señor canoso, quien fue su padrino de bautizo, se convirtió en pocos años en el hombre de la casa y en su peor pesadilla: cuando estaba sola, el cincuentón la acosaba sexualmente o le hacía bromas de mal gusto.

Todos los días era lo mismo, hasta que fue violada por aquel hombre. Sus ojos miraban suplicantes, pero fue inútil. Nunca se lo contó a su mamá por temor a que no le creyera y por las amenazas de ese tipo. Prefirió guardar silencio y su única válvula de escape era salir a la calle. Retornar a su casa significaba acceder al infierno: sentía como si hubiera hecho algo muy malo. Ya se había acostumbrado a los golpes y a esas miradas lascivas.

De repente, Claudia se percató de que alguien se había sentado a lado de ella. Era un chico de 23 años y se presentó como Hugo:

—¿Por qué lloras? ¿Te puedo ayudar en algo?

—Tuve un problema en mi casa. Gracias, ya pasó. No tiene importancia.

—Yo ando en las mismas, mis padres no me comprenden. Por eso decidí hacer mis cosas y seguir adelante...

Sin darse cuenta, Claudia ya estaba platicando con Hugo de un montón de cosas. Se reían de todo y él la abrazaba o le acariciaba el cabello. Ella se sentía protegida y querida. Se identificó con ese chavo porque tenían historias similares de sufrimiento y, por un momento, escuchó que su corazón palpitaba.

Él le contó que se dedicaba a la venta de ropa y que le iba muy bien. Se acababa de comprar un auto deportivo y casi terminaba de pagar un pequeño departamento en Tlaxcala, a unas cuantas cuadras donde vivían sus padres.

La niña de secundaria estaba sorprendida, siempre había soñado con estar con alguien exitoso, pero la sombra de su familia no la dejaba en paz. Le daban escalofríos cada vez que recordaba las golpizas que recibía de su madre, quería irse pero no sabía cómo. Deseaba un verdadero hogar, dormir bajo un techo seguro y saberse querida y mirada como lo hacía Hugo con tanta facilidad.

—¿Sabes?, creo que siempre nos anduvimos buscando, ¿no crees? Vámonos de aquí, tú y yo. No tengo dudas de que podemos vivir juntos y ser felices.

—Pero cómo, no entiendo. Tengo que regresar a mi casa.

—¿Quieres más golpes? No, pues estás mal, ¿eh?, pensé que eras una chavita diferente… Conmigo no te vas a sentir sola y no te va a faltar nada.

—Pues sí me gustaría, pero no sé.

—Todavía andamos a tiempo de llegar a la terminal y tomar el autobús, ¿qué dices? Si no te gusta donde vivo, nos regresamos sin problemas…

Claudia tomó de la mano a Hugo y se dio cuenta de que estaban a unos cuantos metros de la estación del metro Pino Suárez. Miró al cielo buscando algo, una señal. Pero estaba bien en ese momento en que el sol ya se había escondido. Conforme bajaba las escaleras sentía que respiraba un aire nuevo.

II

Tenancingo

Lejos quedaba el pasado. Apenas caían relámpagos y de repente caminaba casi sobre el aire. Nunca imaginó que un encuentro casual bastaría para sentirse tan bien. Lo primero que vio al llegar a Tenancingo fue ese Camaro rojo que le había platicado Hugo. Nunca había observado algo tan brillante. Se emocionó, ¡era verdad! La familia la recibió como una reina y organizó una pequeña cena para darle la bienvenida a su nuevo hogar.

Transcurrieron tres meses de regalos, ropa, salidas al cine, cosas que para ella eran inalcanzables. Ya estaba instalada en el departamento de su chavo y seguido iban unos primos de él para pasar el rato. Una tarde le revelaron un secreto: su novio estaba muy enamorado y que quería casarse con ella. Que andaba juntando un "dinerito" de la venta de ropa y que ellos serían los padrinos.

Claudia no lo podía creer. Siempre soñó con tener una familia y casarse de blanco. La suerte no se puede almacenar y ya no quería más desventuras en su vida. Sabía que andaba por un camino desconocido, pero hermoso. Así conoció a Hugo, en días de incertidumbre y sueño.

Puebla

Lo notó preocupado durante la cena. Casi no hablaba y su mirada estaba perdida. Ella intentaba hacerle la plática, pero sólo escuchaba monosílabos. Algo extraño sucedía y quiso saberlo de inmediato:

—¿Qué tienes? ¿Pasa algo?

—No, nada… Mmm… es que tengo problemas de dinero. Las ventas cayeron un poco y necesito pagar unas deudas.

—-¿En verdad?

-—¡Claro!

—Te has portado súper bien conmigo y no me gusta verte así.

—¿Estás dispuesta a trabajar en el sexo servicio?

Claudia no tomó en serio esa propuesta, pero le dijo que sí. De inmediato, Hugo le explicó que sólo sería temporal mientras se "acomodaba" otra vez y que con ese dinero se casarían y tendrían una luna de miel maravillosa en Acapulco. Le detalló cuánto cobraría, los clientes que tendría, las posiciones que debía aprender. Ella no le dio tanta importancia porque sabía que era una broma y que seguramente andaría vendiendo ropa y otros artículos de vestir.

Por la mañana, sin ninguna explicación, salieron rumbo a Puebla. Alquilaron un cuarto de hotel y, al poco tiempo, llegó una mujer rubia de 30 años. Portaba un vestido rojo pegado al cuerpo y unas zapatillas de charol. Era atractiva pero notó que tenía exceso de maquillaje. Hugo le ordenó que se fuera con ella y se verían en la noche.

Caminaron por las calles del centro y pararon en una zona donde hay muchas ferreterías. Unos cuántos pasos más y estaban frente a unos hoteles color ladrillo. Pasaron una cortina metálica y observó a una docena de chicas paradas en hilera. Casi todas de su edad y con ropa *sexy*. No pudo aguantar las miradas. Le impactó tanto esa escena que su autoestima cayó súbitamente.

La chica de zapatillas de charol se despegó de ella y estuvo hablando unos minutos con el dueño del lugar. Escuchó cosas que no entendía: "Necesita trabajar y quiere entrarle. No cuenta con credencial pero eso hoy mismo se resuelve". El señor de bigote delgado le advirtió: "Si no tiene [identificación del] IFE no puede estar aquí. ¡Quiero que se vayan, pero ya! Qué tal si hay un operativo y a mí me tuercen. ¡No las quiero ver, pinches viejas!"

Claudia recibió una llamada de Hugo; con un tono de molestia le ordenó que fuera a sacarse unas fotos a color tamaño infantil y que regresara pronto al hotel. Ella tomó un baño y estaba tan cansada que se quedó completamente dormida. Cuando despertó, en el pequeño buró encontró una credencial del IFE: ya era mayor de edad.

Guadalajara

El Camaro rojo era tan seguro y veloz que parecía que no tocaba el pavimento. La noche los había alcanzado. Hugo manejaba tranquilo fumando un cigarrillo. Su amigo Toño estaba como ausente y, en la parte de atrás, su novia venía dormida. Claudia sólo miraba la ventanilla y no sabía qué pensar. La luna se asomaba deslumbrante.

Por fin llegaron a Guadalajara y se hospedaron en un hotel de paso. Un perfume barato le picó la nariz a la pequeña Claudia.

—¡Párate, cámbiate y arréglate! —esas tres palabras le perforaron los oídos.

—Te vas a ir con la chava de Toño y haz lo que te diga— recalcó Hugo.

De repente sacó un condón de su cartera y le enseñó cómo debía manipular ese preservativo de látex. Nunca había visto uno, ni sabía para qué servía. Estaba nerviosa y torpe. Mientras escuchaba las indicaciones de su pareja, supo que jamás vendería ropa y que prostituirse no era ninguna broma.

—Nunca debes tener relaciones sin que los clientes usen condón, es muy importante para tu seguridad. Y antes que te paguen, porque luego los muy cabrones ya no quieren aflojar la feria, ¿entendido?

Se sintió como un gato acorralado, oyó su corazón palpitar de tanto miedo. Ninguna maldición podría cambiar las cosas.

Llegaron a una casa de citas. Las recibió un señor calvo y cruzaron como flechas la puerta principal. Claudia portaba un vestido floreado y unas zapatillas de tacón bajito. El dueño le señaló con la mano el lugar donde debería esperar a los clientes. Mientras caminaba para llegar a una larga banca, donde otras mujercitas aguardaban silenciosas, se sentía con un aspecto repugnante. No sabía si era por ese lugar lúgubre o por las miradas atentas de las otras jovencitas que apuntaban hacia su rostro.

Llegó un señor como de 40 años y la escogió. Resignada, bajó la mirada hacia sus zapatillas de poco valor. Se dirigieron a un largo pasillo lleno de puertas. Al ingresar a una de las habitaciones se esforzó por no pensar, ni sentir. Convertirse en un simple maniquí. El acto sexual duró 20 minutos y al final soltó un grito de muerte. Estaba adolorida, su cuerpo no respondía. El hombre se fue con una sonrisa altanera.

Tenía en el bolso 150 pesos y lloraba con los ojos fuertemente cerrados. Esa fue una noche larga: tuvo 15 clientes más y los muros eran tiempo encapsulado. Pensó que nunca terminaría su pesadilla.

Irapuato

Unas semanas después cambiaron de ciudad porque Hugo y su amigo tuvieron problemas con los padrotes de Guadalajara. Huyeron a Irapuato, Guanajuato, y comenzó a trabajar en una zona de hoteles de sexo servicio donde había gays, travestis, niñas como ella de 12 a 13 años y señoras mayores. Cuando caminó por esas calles notó que su estómago se estremecía. Las reglas eran claras para ella, inamovibles: 2 000 pesos de cuenta por día, cero celular y nada de platicar con extraños. Del trabajo a la casa todos los días.

Era inútil violar esas órdenes porque Claudia estaba vigilada por dos sujetos con aspecto de maleantes y por la novia de Toño, quien le reportaba hasta el mínimo detalle a Hugo.

Un día llegó temprano, y sin explicación, Hugo le exigió que se desnudara. Sorprendida, poco a poco se quitó su vestido plateado y se quedó congelada ante la mirada de terror del padrote. Notó que ella tenía un chupetón en la nalga izquierda y su rostro se llenó de un aire pesado y siniestro. Le soltó una cachetada tan fuerte que la tumbó al suelo: "¡¿Por qué andas de perra?! ¡Te dije que nada más eres mía!" Mientras escuchaba esas palabras, azotó su cara contra el suelo y percibió su respiración amarga.

Se levantó, estaba como loco. Tomó una cadena de hierro y la tundió, una y otra vez, sin descanso. Conforme pasaban los minutos, los golpes eran tan agresivos que ya no sentía dolor en su cuerpo. Soltó la cadena y comenzó a patearle el estómago y las costillas con sus botas texanas. Hugo era un toro, un sádico. Claudia sólo se encogía y trataba de cubrirse con sus brazos delgados.

Durante el resto del día se quedó tirada como un cadáver. No tenía fuerzas y el dolor en los huesos no le permitía ponerse de pie. Ya entrada la noche, escuchó una voz intimidante: "¡Ya vete a trabajar! No creas que estás de vacaciones. Ya sabes lo que te pasa si andas de cabroncita, ¿eh? ¡Arréglate y regresa con dinero!" Claudia se asomó en el espejo: era horrible. Tenía moretones en su rostro y sus ojos se veían minúsculos e inexpresivos.

Quince días después pensó que realmente moriría. La chica de Toño informó que andaba "coqueteando" y "zorreando" con todos. Hugo se enfureció y cuando Claudia pisó la habitación le soltó un puñetazo que se oyó en todo el lugar. Quería ser despiadado y lo logró. Noqueó a la pequeña y le arrancó la ropa. Claudia lanzó unos gritos ensordecedores, no podía creer tanta crueldad. Conectó una plancha y forcejeó hasta abrirle las piernas.

—¡¿Quieres estar de calenturienta?! ¡¿Quieres sentirte caliente?!

—¿Qué vas a hacer? Por favor, suéltame. Te lo suplico, no me hagas daño.

—¡Vas a ver qué es sentirse caliente!

Le acercó la plancha a la vagina y sintió una descarga eléctrica. Trató de zafarse pero fue inútil. Hugo se divertía al ver esa cara miedosa. Después de un par de minutos aventó la plancha y no la quemó. Claudia sintió una angustia nueva que le apretaba la garganta. Tenía la cara tan cerca de la suya, que mejor cerró los ojos. "Esto es para que aprendas a respetarme y no andes de puerca con los clientes. Si me entero otra vez que me engañas, ¡ahora sí te mato!" El cuarto olía a sudor, como a fruta podrida.

Puebla

Claudia había visto cosas crueles como la venta de niñas a los padrotes, pequeñas de 10 años paradas en las calles ofreciendo sus servicios o situaciones enfermas como la renta de bebés. Contra su voluntad tuvo que enseñarle a las "primerizas" a poner el condón con la boca, todas las posiciones, cuánto cobrar, cómo tratar al cliente, qué decirle para que regresara y fuera uno frecuente. "¿Cómo les voy hacer lo mismo que a mí me hicieron?", se repetía asqueada. Pero sabía que si no obedecía órdenes, las golpizas y los malos tratos no tardarían en lastimar su cuerpo.

Los clientes de cabecera eran policías y judiciales, quienes con el pretexto de realizar operativos tomaban a las chicas y se divertían toda la noche. Era una especie de "derecho de piso": si no querían tener problemas por ser menores de edad y falsificar la credencial del IFE, tenían que realizar pagos sexuales. Incluso los uniformados sacaban a todos los clientes del lugar para grabar sus actos con cámara profesional.

De regreso a Puebla, Hugo cambió el tono de su voz áspera y le pidió perdón por las últimas reacciones violentas: "Es que te quiero mucho y no me gusta que cualquier pendejo ande tratando de conquistarte. Tú eres mía y de nadie más". Claudia no sabía qué pensar, si creerle o no. Pero no tenía a nadie más en el mundo, a su familia se la había tragado la tierra. No tenía opciones a dónde ir, ni amigos o conocidos. Pensaba en su presente, en los minutos que corrían sin avisar. Le calaba los huesos.

Una amiga de Hugo se encargaría esta vez de vigilarla, sería su sombra. Él se puso muy estricto con las cuotas diarias, era imposible cubrir todo el dinero que exigía, por lo que llegó a tener 30 clientes por día. Se desnudaba, hacía sexo oral y aceptaba las posiciones que le pedían para cobrar más y completar la cuenta. Antes de dormir, su pareja le advertía que si ella intentaba escaparse le iría muy mal: "Así pasen meses o años, ¡te ubico y te mato!"

A los 15 años se dio cuenta de que estaba embarazada. Se puso como loca y comenzó a pegarse en el estómago, lloraba y gritaba. Maldecía a Dios por haberla dejado sola. No sabía qué hacer. Temerosa, le platicó a Hugo lo que sucedía. Él, con una serenidad envidiable, sacó del cajón unas pastillas y le dijo que se tomara dos y que una se la pusiera en la vagina.

A las cinco de la mañana, los fuertes cólicos la despertaron, chilló apretando los ojos de dolor. Se percató de que su pijama estaba manchada y sintió un escalofrío en el brazo. Cruzó la puerta del baño y orinó. De repente sintió cómo bajaron dos coágulos grandes y cayeron en la taza. Claudia había abortado y los dedos comenzaron a quedársele insensibles. Sus manos se volvieron azules. Vio su sangre derramada.

Hugo le ordenó que se bañara y descansara un rato. Pero la hemorragia vaginal era brutal. Él fue a comprar una esponja con la que bañan a los bebés y le dijo que se la pusiera con vinagre para que le detuviera el sangrado. "¡Ve por mi dinero!", le gritó aquel hombre de botas vaqueras. A los pocos días le subió la temperatura, sentía que su cuerpo le iba a explotar por la infección que poco a poco la tumbó en la cama. Hugo la llevó a una clínica para que le practicaran un legrado y le recetaran antibióticos. Todo esto lo grabó con su celular para atormentar y culpar a Claudia de que había matado a su hijo. Un par de días después ya estaba otra vez trabajando con su cuerpo cortado. Su vida no era su vida. Sólo coleccionaba miedos. Recordaba la verdad desnuda en la mentira de que todo iba a cambiar. La dejó con una soledad desabrida.

III

Seis meses después quedó nuevamente embarazada y en ese tiempo conoció a Ricardo, un cliente que sólo platicaba con ella y pasaba ratos agradables. Al darse cuenta del retraso de la regla, Claudia le dijo a Hugo que deseaba tener al bebé, ya no quería que el recuerdo del aborto siguiera haciéndole estragos. "Si no es mío, ¡te juro que te masacro!", amenazó el padrote.

Siguió la rutina de maltratos y explotación sexual durante el embarazo. Su pasatiempo favorito era decirle al bebé, cada vez que miraba su panza prominente: "Siempre estaré aquí". Guiaba la yema de sus dedos hacia su ombligo y sonreía de una forma melancólica.

Cuando cumplió ocho meses de gestación, Hugo la mandó a casa de sus padres, que ahora vivían en Capulín, Puebla. En ese lugar nació la pequeña María, quien estuvo a punto de ahogarse pero gracias a la cesárea que le practicaron a su madre pudo salvarse. Pasada la llamada cuarentena, sus "suegros" le quitaron al bebé y la regresaron con su hijo para que se reincorporara al trabajo. Siguió las reglas no escritas de la familia con angustia y tristeza: sólo vería una vez a la semana a María y estaba prohibido abrazarla y alimentarla.

Cuando veía a Ricardo y le platicaba de su situación tormentosa, se sentía como un animal herido y olvidado. Sólo quería tener a María entre sus brazos y ocultarse del opresivo peso del pasado. El hombre de 60 años le recomendaba que buscara otro empleo, que esa vida no era para ella y que luchara por su hija. Le preguntó: "¿No tienes sueños?" Ella clavó sus ojos negros en el rostro delgado del señor y le dijo: "Soñar está prohibido. El mundo es borroso desde que llegué aquí".

Con Ricardo había una confianza total. Era un hombre detallista y le compraba cosas que seguía sin tener porque todo el dinero se lo quedaba Hugo. Él era una especie de ángel guardián, que le ayudaba a subir su autoestima y le recordaba que no todo estaba perdido. Platicaban y reían.

Un martes no pudo soportar la distancia con su bebé y decidió hablarle a su tía Emma y contarle que sufría maltratos de su "esposo". Nunca le reveló que la obligaban a prostituirse, ni mucho menos el infierno que vivió durante los últimos cuatro años de su vida. Le dijo que ya no quería estar con Hugo y que le ayudara a escapar con su pequeña María.

—¿Por qué le diste el teléfono de la casa a tu tía? —gritó molesto Hugo…

—Pues la verdad no sé, ni idea. Le platiqué una vez que ya era mamá y que nuestra hija se llama María —contestó segura Claudia.

—Ah, ya, es que te quiere ver. Pero le dije que estabas muy ocupada.

—No seas malo, deja que mi tía conozca a la niña, qué te quita que la lleve a su casa.

—No vas a ir a ningún lado. Además no tenemos dinero porque no me has entregado las cuotas completas.

—Déjame ir un día y me regreso. Extraño a mi tía… ándale, ¿sí?

—Pues si en una semana me juntas 45 000 pesos te vas, si no, ni lo sueñes…

Hugo colgó y Claudia se sintió nerviosa porque había una posibilidad real de fugarse. Inmediatamente llamó a Ricardo: "¿Sabes qué? Me está pidiendo 45 000 pesos para poder visitar a mi tía con la niña y quería saber si me puedes ayudar a juntarlos". La joven escuchó con alegría: "Sí, claro. Con tal de que te vayas, yo te los doy". Respiró profundamente, cerró los ojos y la invadió un silencio embriagante. Nunca había experimentado una sensación de esperanza.

Para ella era imposible juntar esa cantidad en tan poco tiempo. Hizo cuentas: un cuarto con chica igual a 100 pesos… Los dueños de la tiendita que rentaban esa habitación de citas ya no estaban a gusto porque veían que entraban y salían muchos hombres. También se percataban de las golpizas que sufría Claudia y de las cicatrices en su piel. Ellos también se ofrecieron a cooperar con el plan que tenía con Emma y Ricardo. "Quiero que te vayas. Ya no queremos que estés aquí. Ese señor un día te va a matar y luego qué hacemos", dijo el anciano de los abarrotes.

Una semana más tarde, Ricardo ya había juntado el dinero, compró una maleta grande y ropa para la bebé. Los de la tiendita contactaron a un taxista de confianza para que se fueran tranquilas con la tía que vivía por el metro Chabacano. Ese sábado fue el más largo de su vida. La ansiedad no la dejaba en paz...

—Espero que el dinero esté completo, ¿eh?...

—Dame a mi hija primero.

—Por lo que se ve, estuviste muy chambeadora, ¿no?

—Si quieres contarlo, ahí está completo lo que pediste.

—No, no hay necesidad. Sabes que confío en ti y quiero que estés aquí mañana temprano. Si no, ya sabes lo que te pasa.

De los fajos de billetes sacó 1 000 pesos y se los dio para "los pasajes". Se van con cuidado y le plantó un beso en la boca. Ella pensó: "¡Qué miserable!"

IV

En la carretera, Claudia se sentía extraña: dejaba la tumba pero no se quitaba de la mente las amenazas de Hugo: "Si te vas, te encuentro y te mato". En el trayecto trató de tranquilizarse mirando a su María que dormía profundamente. Sabía que en los últimos años le habían cortado las piernas, le habían robado la voz y la mirada, pero tenía el consuelo de soñar otra vida.

Su tía Emma, al conocer la terrible historia de su sobrina, no dudó en acudir a la policía y denunciar ese delito grave que afecta a miles de mujeres en el país. En la Procuraduría General de la República (PGR) levantaron una denuncia y la canalizaron a un albergue de la legisladora Rosi Orozco. La joven estaba traumada, no deseaba hablar con nadie, tenía mucha desconfianza de la gente. Quería pegarle a todo mundo. No podía dormir, sólo pensaba y miraba al cielo: "¿Qué hago aquí? ¿Y si me encuentra? ¿Y mi bebé?"

Hugo estaba furioso porque Claudia no llegaba a casa, corrían las horas y nada. Le marcó a su celular y le advirtió: "¡Qué cabrona! ¿Piensas que te vas a escapar? Pueden pasar días, meses o años, pero de que te encuentro, te encuentro. Así que tú sabes, regresas o le pasa algo a la niña. Es mejor que pienses todo muy bien y ya no hagas más pendejadas".

Claudia tenía pavor de que cumpliera sus amenazas. Cada vez que salía a la calle se ponía esquizofrénica y veía en todos los hombres el rostro de Hugo. Estuvo un año en el albergue recibiendo una terapia integral, ayuda física y psicológica para sanar sus heridas. Mientras estaba en recuperación, su tía Emma cuidaba a su bebé. Eso le dio mucha tranquilidad para seguir adelante.

Se enteró que a las pocas semanas que huyó de su casa, su madre también lo hizo con su padrino y ahora viven en Estados Unidos. Con sus hermanos nunca se llevó bien pero al conocer su caso tormentoso, fueron solidarios con ella y están atentos a sus pasos. Aún no entiende por qué las autoridades no hacen nada y no detienen a los padrotes de Puebla y Tlaxcala.

A sus 20 años dice que su único sueño es registrar todos los instantes de cómo crece su María. También le gustaría terminar la secundaria y aprender cosas de "cultura de belleza". De Ricardo, su cómplice, supo que murió hace un par de años. Siempre lo llevará en su mente. Todos los días le agradece por haberse cruzado en su camino. Su bondad y sus palabras le ayudaron a pensar que era posible cambiar la forma de ver las cosas.

"He visto y he vivido lo que mucha gente ni se imagina en sus peores pesadillas. Hay personas que por una violación se suicidan y gente como nosotras que hemos tenido más de 50 violaciones al día, que hemos vivido como esclavas, pero que poseemos la capacidad de tener sueños y anhelos."

Claudia busca dignidad aquí y ahora. Porque adulterar los hechos que marcaron su vida es imposible, un camino no deseado. Cierra los ojos y vuelve la imagen muda. También recordar es una forma de huir.

▶ *Trata de personas.* Es un delito en el que mujeres, hombres, adolescentes y menores de edad son utilizados como mercancías para ser comercializados. En este ilícito se degrada el valor de una persona por medio de la violencia física, las amenazas, el engaño o el abuso de poder con el fin de ser explotados sexualmente, en trabajos forzados, en la esclavitud o para extirparles algún órgano de su cuerpo.

- La Procuraduría General de la República (PGR) informa que en México hay entre 16000 a 20000 personas involucradas en delitos de trata.

- El representante regional para México y Centroamérica de la Oficina de Naciones Unidas contra la Droga y el Delito, Antonio Luigi Mazzitelli, revela que en el mundo, cada año, 2.4 millones de personas sobreviven a la trata, y el negocio que se genera por ese delito ya alcanza los 32 mil millones de dólares para las organizaciones criminales.

- Por estados, los de mayor incidencia de este delito son Baja California, Veracruz, Guanajuato, Tlaxcala, Puebla, Guerrero, Oaxaca, Chiapas y el Estado de México.

- La Comisión de Derechos Humanos del Distrito Federal precisa que la zona de la Merced-Centro Histórico es el primer lugar en América Latina donde existe la trata de menores con fines sexuales. Una mujer que es tratada sexualmente deja a los proxenetas un promedio de 53000 dólares al año.

- La Subsecretaría de Asuntos Jurídicos y Derechos Humanos de la Secretaría de Gobernación detalla que la base de datos de personas no localizadas que dejó la administración de Felipe Calderón, contiene 26121 registros.

- Human Rights Watch (HRW) documentó durante el sexenio pasado 149 desapariciones forzadas por parte de policías federales, estatales y municipales, así como del Ejército y la Marina que actuaban con la delincuencia organizada.

Además registró 100 casos más de desapariciones de personas que fueron llevadas contra su voluntad, y que al día de hoy se desconoce su paradero.

● Óscar Vega Marín, ex secretario ejecutivo del Sistema Nacional de Seguridad Pública, puso en duda los 26 000 casos de personas desaparecidas que anunció la Subsecretaría de Gobernación, y afirmó que el único listado confiable que se dejó contabilizó 5 319 casos en más de una década.

✓ De la lectura de las tres historias se desprende que tanto en el caso de Mónica Janeth, como en las de Ivonne y Claudia, la fuerza, la violencia, el secuestro o el engaño son una constante. Relacionar los tres relatos con la trata de personas nos ayuda a comprender que ese ilícito es una expresión máxima de violencia, al confluir la totalidad de la tipología de la misma. Es decir, a la violencia física, la psicológica, la sexual, la patrimonial y la económica, se debe agregar la privación o falta de libertad de movimiento, lo que confirma que, lamentablemente, a la trata de personas se le conozca como "la esclavitud del siglo XXI".

En las tres narraciones destacan, a su vez, dos variables muy frecuentes que se dan en la trata de personas: la condición de género y la edad. Como se puede observar, en las tres historias están presentes mujeres jóvenes que mediante una desaparición, un secuestro o un "enamoramiento" pasan a engrosar el alto número de seres humanos que padecen esta lacra.

Quizá la asignatura más difícil de lograr es la sensibilización ciudadana. Sensibilizar para entender que la trata de personas es un delito que denigra la dignidad de sus víctimas y atenta contra cualquier derecho humano, lo cual debe ser denunciado, pues los procesos de recuperación física y emocional son muy extensos en el tiempo y, contrariamente, las posibilidades de *revictimización* muy factibles, por lo que es necesario la concientización y la participación ciudadana.

Ricardo Ruiz Carbonell,
*director de Enlace Interinstitucional en la Fiscalía Especial
para los Delitos de Violencia contra las Mujeres
y la Trata de Personas (Fevimtra), México*

**¿Alguna vez has sentido que se acerca alguien a tu vida
inesperadamente, que te hace sentir especial,
y dudas de sus intenciones?**

❑ No, nunca.
❑ Alguna vez.
❑ A una amiga ya le pasó.

Visita:
Unidos Hacemos la Diferencia
http://unidoshacemosladiferencia.com
Facebook: Unidos Hacemos la Diferencia

Fiscalía Especial para los Delitos de Violencia contra las Mujeres y
Trata de Personas (Fevimtra)
http://www.pgr.gob.mx/
Tel. 5346-0000

Programa contra la Trata de Personas – Comisión Nacional de los
Derechos Humanos
http://www.cndh.org.mx/
Tel. 01800 715 2000

Coalición contra el tráfico de Mujeres y Niñas en América Latina
y el Caribe
http://www.catwlac.org
Tel. 2614-1488

Conclusiones

¿A dónde van los *nadie* cuando necesitan ayuda? Las instituciones les quedan muy lejos de su vida, la escuela y la familia no son lugares confiables para sus expectativas. Entonces buscan respuestas en las calles, con personas cercanas o de mayor edad que les ayuden a resolver momentáneamente sus problemas.

Nosotros, los autores, somos parte de la llamada Generación X (1970-1980), sobrevivimos a las crisis económicas eternas que iniciaron en el último año de mandato de Luis Echeverría. Ahora existe una generación de jóvenes que son considerados Millennial, los cuales viven en una época distinta, de información efímera, veloz, enfocada al individualismo. Viven la vida muy a la ligera, algunas veces parece que no tienen futuro.

Nuestras juventudes han crecido con una extraña tolerancia a la violencia: la permitimos, con ello la validamos, la hacemos parte de la normalidad y es así como crece y, en un contexto fuera de control, no podemos ni pensar en la prevención.

En el diseño de *Los nadie* se pensó abordar como tema principal el *bullying*, pero después de reportear y acercarnos a los casos con una investigación previa, descubrimos que el *bullying* sólo es una forma de llamar al acoso escolar, que queda reducido casi a "molestar" por algo, cuando la realidad enmascara la verdadera razón del acoso: ser diferente. La gente desprecia lo que es distinto, como si las diferencias fueran una vergüenza personal.

Te molestan por ser gordo, por ser flaca, por ser *nerd*, fresa, discapacitado, débil, mujer... por ser cualquier tipo de joven: un nadie. Casi todos lo dejamos pasar: las instituciones, las escuelas, los docentes; las familias ni se enteran y así los jóvenes se van quedando solos.

Y esto sucede en su entorno más próximo, que se convierte en una pesadilla, un lastre. A veces en la propia casa están los peores enemigos, padres o hermanos ningunean o simplemente muestran displicencia. ¿Qué les queda? ¿Cómo pueden abrir puertas para hacer futuro? Fuera de la familia, los *nadie* caminan a ciegas. Paradójicamente en esta época donde se puede acceder más rápido a la información, no cuentan con datos o vías eficaces para resolver sus problemas, no saben cuáles son las instituciones o los programas disponibles para enfrentar su crisis. ¿Existen políticas públicas reales enfocadas al sector juvenil?

En México, históricamente los jóvenes son visibles en tiempos electorales, cuando los políticos les prometen mejoras educativas, laborales y culturales. Los compromisos se quedan en el discurso, nunca en los hechos. Una muestra de ello es la sectorización del Instituto Mexicano de la Juventud (Imjuve) —marzo de 2013— en pleno inicio de sexenio de Enrique Peña Nieto, quien se dice ser parte del "nuevo PRI o de una nueva generación de priistas". Las labores del Imjuve quedaron absorbidas por la Secretaría de Desarrollo Social (Sedesol), lo cual deja entrever que se seguirá una política juvenil de corte asistencialista.

La Evaluación Transversal de Políticas y Programas para el Desarrollo de la Juventud, elaborado por la Fundación Idea, en colaboración con el Fondo de Población de las Naciones Unidas, indica que los jóvenes representan 32% de la población y que este sector no es considerado como "sujeto de derecho" y como consecuencia no existen políticas públicas en su beneficio.

El estudio revela que de las 106 acciones federales que se trazan para darles atención, únicamente 17 pueden considerarse como "buenas prácticas", ya que incluyen objetivos, lineamientos, programas de monitoreo y resultados.

Los *nadie*, nuestros jóvenes, se van quedando sin espacios, sin atención, sin cuidados en áreas y temas en donde existe la imperante necesidad de generar políticas públicas reales y una cultura de la prevención. Este problema espinoso no es comunicado adecuadamente por las autoridades a la sociedad, no hay una campaña mediática eficaz para lanzar alertas contra esas bandas de la delincuencia organizada.

¿Qué puede hacer una chica para que no sea presa de la trata de personas y termine como esclava sexual? Por ejemplo, el internet es una de las herramientas principales que usan los tratantes para captar a sus víctimas, por lo que un manejo responsable de la información que exponen los jóvenes en las redes sociales se convierte automáticamente en una acción preventiva. Esto se puede leer en la página del Instituto Nacional de las Mujeres (Inmujeres), pero ¿cuántas personas saben que existe este organismo?

Por otro lado, no se trabaja en conjunto con familias, escuelas y sociedad en planes de nutrición al alcance de todos para prevenir la obesidad y los diferentes trastornos alimenticios. La sociedad sólo reacciona ante la obesidad mórbida y la disminución sorpresiva de peso.

Algunos de nuestros jóvenes han crecido con un concepto adulterado de justicia. La víctima es la que se va presa, el inocente es el que paga los actos de otros y la libertad de ser una garantía se convierte en una moneda de cambio.

A pesar de que han nacido en las situaciones más difíciles y en contextos personales complicados, algunos jóvenes no entregan su vida. A pesar de que 54% de niños y jóvenes vive en pobreza —unos 21.4 millones, según la UNICEF— y alguna carencia en educación, salud, servicios básicos, buscan hacer futuro. Las mismas autoridades no se cansan de decir el lugar común y cruel de que "los jóvenes son el futuro del país". Pero, ¿qué tipo de futuro les ofrecen?

CONCLUSIONES

Ya lo decía el gran caricaturista Quino: tal vez algún día dejen a los jóvenes inventar su propia juventud. Ellos, los *nadie*, han decidido no dejar de luchar porque su único medio para sobrevivir es la esperanza. Así todos los días caminan y procuran darle a México otra historia.

Agradecimientos

Los nadie es una publicación que fue posible gracias a mucha gente que quiso hacer equipo con nosotros.

Gracias a todas las voces que dan vida a estos relatos, su generosidad permite acercarnos como sociedad y mirarnos con otros ojos.

Agradecemos al equipo de Random House Mondadori por permitir la existencia de espacios periodísticos desde la narrativa y la participación social.

A mis padres y hermanas Isaura y Elvira.
A Fernanda Álvarez, nuestra editora.
A Lucía Rodríguez, abogada feminista.
A Wilbert Torre, periodista y escritor.
A Itzel Silva, abogada del Grupo de Información en Reproducción Elegida (GIRE).
A Guadalupe Correa-Cabrera, profesora e investigadora de la Universidad de Texas en Brownsville, especialista en temas de seguridad.
A Ricardo Ruiz Carbonell, experto en derechos humanos, violencia de género y trata de personas.

A Silvia E. Giorguli Saucedo, profesora e investigadora de El Colegio de México.

A Julieta Vélez Belmonte, directora del área clínica de ABC de los TCA, así como a su equipo: Fátima García y Lilian Barlet.

A Francisco de Zataráin, fundador y presidente de la Fundación Contra el Bullying AC.

A Sofía Galván Puente, directora para México y Centro América de Disability Rigths International.

A Francisco Trujillo, enlace y comunicación de las Comunidades de Tratamiento para Menores.

A Juan Martín García Pérez, consultor internacional en derechos de la infancia.

A José Luis Álvarez-Gayou Jurgenson del Instituto Mexicano de Sexología.

A mis lectoras: Karla Ruiz y África Barrales.

A Beatriz Pagés e Irma Ortiz, de la revista *Siempre*.

A la banda de *Animal Político*.

A mis amigos del corredor Tacubaya-Nápoles: Brito, Efraín, Ángel, Paco, Pierre, Barrón, Sergio.

MOISÉS CASTILLO

A Lulú, por hacer equipo conmigo siempre.

A Mayte y Jaime, porque los quiero.

Al profe Toño Galván, porque siempre será mi maestro.

A mis amigos, por apoyarme y no dejarme nunca sola: Moisés Castillo, Elyn Reyes, Homero Ventura, Vanessa Job, Tanya Guerrero, Magalie Torres, Diohema Anlleu, Pablo Zulaica, Tatiana Maillard, Paco López, Melania Tapia, Alexandra Naranjo, Lu García, Elizabeth Valderrama, Alex Vélez, Beatriz Lozoya, Arturo Rodríguez, Humberto

Padgett, Eduardo Loza, Christian Palma, Diego Mendiburu y Mónica Cruz.

A mis alumnos de la Universidad Marista, porque siempre son una inspiración.

A Sergio García, Joaquín Terán, Fanny Quintanar, Víctor Manuel Vergara, César Arenas, Antonio Medina, Laura Itzel, Alejandra Martínez Armenta y Lilo, que me ayudaron a que este libro fuera posible.

A Mónica Yerena, Paco Huerdo, Adrián y Nallely Santamaría, Marthy, Héctor García *Machu*, Eva Ochoa, Alan Rodríguez, Dania Paola y Mau Muñoz.

ALE DEL CASTILLO

Directorio de instituciones

ACNUR, Oficina del Alto Comisionado de las Naciones Unidas para los Refugiados
http://www.acnur.org
Tel. 5083-1710

Alianza por la Seguridad en Internet
http://asi-mexico.org

Centro de Denuncia y Atención Ciudadana (Cedac)
http://www.pgr.gob.mx/servicios/mail/cedac.asp
Tel. 01800 0085 400

Centro de Reflexión y Acción Laboral (Cereal)
http://www.fomento.org.mx/index.php
Tel. 5559-6000 y 5250-0328

Coalición contra el Tráfico de Mujeres y Niñas en América Latina y el Caribe
http://www.catwlac.org
Tel. 2614-1488

Consejo Nacional para Prevenir la Discriminación
http://www.conapred.org.mx/

Contra el *bullying*
http://contraelbullying.org/

Disability Rigths International
http://www.disabilityrightsintl.org/work/country-projects/mexico/

Fiscalía Especial para los Delitos de Violencia contra las Mujeres y Trata de Personas (Fevimtra)
http://www.pgr.gob.mx/
Tel. 5346-0000

Fundación en Movimiento. Respetar para mejor convivir
http://www.fundacionenmovimiento.org.mx/
Tel. 1327-8123

Fundación UNAM
http://www.fundacionunam.org.mx/blog/salud/la-adiccion-por-la-delgadez.html

Grupo de Información en Reproducción Elegida (GIRE)
https://www.gire.org.mx/
Tel. 5658-6645

Instituto Mexicano de la Juventud (Imjuve)
http://www.imjuventud.gob.mx/
Tel. 1500 1300 Lada sin costo 01800 22 800 92

Instituto Mexicano de Sexología
http://www.imesex.edu.mx/

Instituto Nacional de Ciencias Médicas y Nutrición Salvador Zubirán
http://www.innsz.mx/descargas/trastornos.swf

Junta Local de Conciliación y Arbitraje
www.juntalocal.df.gob.mx/
Tel. 5134-1600

Letra S
http://www.letraese.org.mx/

No a la obesidad
http://www.noalaobesidad.df.gob.mx/

Procuraduría General de Justicia del Distrito Federal (PGJDF)
http://www.pgjdf.gob.mx/index.php/servicios/atencion-victimas/cariva
Tel. 5345-5598

Procuraduría General de la República (PGR)
http://www.pgr.gob.mx/servicios/mail/cedac.asp

Programa contra la Trata de Personas–Comisión Nacional de los Derechos Humanos
http://www.cndh.org.mx/
Tel. 01800 715 2000

Red por los Derechos de la Infancia en México
http://www.derechosinfancia.org.mx/

Secretaría del Trabajo
http://www.stps.gob.mx/bp/index.htm
Tel. 3000-2100

Servicio Nacional de Empleo
http://www.empleo.gob.mx/
Tel. 01800 841 2020

Unidos Hacemos la Diferencia
http://unidoshacemosladiferencia.com
Facebook: Unidos Hacemos la Diferencia

Los nadie, de Ale del Castillo y Moisés Castillo
se terminó de imprimir en agosto de 2013
en Quad/Graphics Querétaro, S. A. de C. V.,
Fracc. Agro Industrial La Cruz El Marqués
Querétaro, México.